Père Fritznel Mertyl

Quand l'ère numérique sauve le mariage à Montréal

Père Fritznel Mertyl

Quand l'ère numérique sauve le mariage à Montréal

De l'accompagnement spirituel au mariage par visioconférence, en situation de pandémie et de confinement

Éditions Croix du Salut

Imprint
Any brand names and product names mentioned in this book are subject to trademark, brand or patent protection and are trademarks or registered trademarks of their respective holders. The use of brand names, product names, common names, trade names, product descriptions etc. even without a particular marking in this work is in no way to be construed to mean that such names may be regarded as unrestricted in respect of trademark and brand protection legislation and could thus be used by anyone.

Cover image: www.ingimage.com

Publisher:
Éditions Croix du Salut
is a trademark of
Dodo Books Indian Ocean Ltd. and OmniScriptum S.R.L publishing group

120 High Road, East Finchley, London, N2 9ED, United Kingdom
Str. Armeneasca 28/1, office 1, Chisinau MD-2012, Republic of Moldova, Europe
Managing Directors: Ieva Konstantinova, Victoria Ursu
info@omniscriptum.com

Printed at: see last page
ISBN: 978-620-6-16954-3

Résumé

La recherche sur l'accompagnement spirituel des couples au mariage catholique par vidéoconférence, tel que réalisé pendant la pandémie de la COVID, s'intéresse à comprendre notamment : ce qui s'est passé, quels sont les obstacles auxquels les formateurs du Centre diocésain de Montréal ont été confrontés dans le passage du présentiel au virtuel, quelles sont les solutions et les innovations que l'équipe a effectuées dans l'adaptation de la formation des couples.

Pour cette recherche, nous avons utilisé l'approche pragmatique de la théorisation ancrée, dans une entrevue de soixante minutes par Zoom auprès des formateurs du Centre diocésain pour le mariage, la vie et la famille de l'archidiocèse de Montréal, ce qui nous a permis de saisir l'évolution de l'enjeu en question. Les résultats ont montré que les défis de la formation des couples en ligne proviennent de la fermeture des paroisses, de l'inhabilité des formateurs par rapport à la technologie du changement, la difficulté pour les couples de s'adapter aux nouveaux outils technologiques.

Les résultats de cette recherche exposent également le sens de créativité et les moyens mis en place au Centre diocésain pour surmonter les obstacles du confinement : l'acquisition de nouvelles compétences, une formation simplifiée répondant aux besoins des couples vivant au Canada et à l'extérieur, en français et en anglais, une meilleure connexion avec les formateurs, un meilleur apprentissage en raison d'un plus grand nombre de courtes périodes de formation au lieu d'un nombre restreint de longues rencontres.

Enfin, cette recherche propose que l'innovation de la formation des couples par visioconférence en contexte de pandémie puisse continuer de façon à offrir aux couples la possibilité de se rencontrer en présentiel ou en ligne selon leur situation géographique afin de mieux répondre aux défis actuels de la pastorale du mariage.

ABSTRACT

The research on the spiritual accompaniment via videoconferencing of Catholic couples preparing for marriage, as carried out during the COVID pandemic, is interested in understanding in particular: what happened, what obstacles the formators at the Montreal Diocesan Center faced in the transition from in-person to virtual, and what solutions and innovations the team made in adapting the couples' formation.

For this research, we used the pragmatic approach of grounded theory, in a sixty-minute Zoom interview with formators from the Diocesan Center for Marriage, Life, and the Family of the Archdiocese of Montreal, which enabled us to understand the evolution of the issue in question. The results showed that the challenges of online couples' formation come from the closure of parishes, the inability of formators to deal with changing technology, and the difficulty for couples to adapt to new technological tools.

The results of this research also expose the sense of creativity and the strategy put in place at the Diocesan Center to overcome the obstacles of confinement: the acquisition of new skills, simplified formation to better respond to the needs of couples living in Canada, and outside, in French and English, better connection with formators, and better learning due to an increased number of shorter formation periods instead of fewer long meetings.

Finally, this research proposes that the innovation of videoconference-based couples' formation in the context of the pandemic can continue offering couples the possibility of meeting face-to-face or online, depending on their geographical location, in order to better respond to the current challenges of marriage ministry.

Liste des figures

LISTE DES ABRÉVIATIONS ET SIGLES DES LIVRES BIBLIQUES

A.T.   Ancien Testament
N.T.   Nouveau Testament
Mt   Matthieu
Ac   Actes des Apôtres
Lc   Évangile de Luc
Lm   Le livre des Lamentations
Gn   Livre de Genèse
Jl   Livre de Joël

AUTRES SIGLES ET DOCUMENTS

AMP	Assistance Médicale à la Procréation
CÉRUL	Comités d'éthique en recherche de l'Université Laval
COVID-19	Maladie du coronavirus
CTF	Conciliation, travail-famille
FIV	Fécondation in vitro
ICSI	Technique d'assistance médicale à la procréation
IEP	Instituts d'études politiques
INSPQ	Institut national de santé publique du Québec
PACS	Pacte civil de solidarité.
PCU	Prestation Canadienne d'Urgence
TIC	Technologies de l'information des communications
UNESCO	Organisation des Nations Unies pour l'éducation, la science et la culture
UQAM	Université du Québec à Montréal
UQO	Université du Québec en Outaouais

REMERCIEMENTS

Mes gratitudes à l'Église dans laquelle j'ai pu vivre l'expérience du travail de mémoire : À mes parents, Sonie Louis et Dieufort Mertyl, mon frère Fanfan, ma sœur Sonia, mon neveu Doguens Michel et à ma nièce Booke Wisnaïda Mertyl. Merci au directeur de recherche Yves Guérette pour l'accompagnement d'un néophyte en théologie pratique. Merci à messeigneurs Nicholas DiMarzio et Raymond Chappetto, évêques de Brooklyn, New York, pour leur soutien inconditionnel. Merci à Guy Guindon, recteur du Grand Séminaire de l'archidiocèse de Montréal pour son esprit critique à cette recherche. Merci à mes pères spirituels : Thomas Ahern, François Breton, Yvon Laroche et mon précédent curé Timothy Scott. Ma gratitude au père Charbel Daw pour le temps mis à la lecture de cette recherche. Je tiens aussi à remercier tout le personnel du Centre diocésain pour le mariage, la vie et la famille de Montréal, et en particulier les personnes qui ont participé à la collecte de données lors de l'entrevue. Je suis reconnaissant à Didley Bien-Aimé, Sylvain Mantha et Loïc Richard pour leur soutien. Ma reconnaissance à celles et ceux qui ont patiemment porté cette recherche dans leur prière : les séminaristes du Grand Séminaire de Montréal, la Famille Myriam, les Missionnaires Christ-Marie Alphonse, sœur Luvia Joseph et père Bazile Elusma, Rose N Brisard, Lucienne Jeanty, sœurs Mona Jeangiles, Miriame Maxime et Mésina Paulémon. Merci à mon tuteur père Juan Luxama, Christine Dost et père Sean M. Suckiel du diocèse de Brooklyn, pour leur soutien inconditionnel. Merci à l'Institut de formation théologique de Montréal. À tous ceux et celles qui ont apporté un précieux concours à la réalisation de ce mémoire : en particulier, monseigneur Claude Hamelin, évêque de Saint-Jean-Longueuil et l'abbé Réjean Poirier. Mes profondes gratitudes vont à mon curé actuel Walnès St-Clair, pour son soutien inconditionnel durant la rédaction de ce mémoire. Un merci spécial à mon tuteur Yves Le Pain pour la révision minutieuse ains qu'à Berline Médard. Merci aux camarades étudiants en théologie pratique de l'Université Laval pour leur encouragement. Aux professeurs Glenn Smith, Nadia-Elena Vacaru, Gilles Routhier, Heriberto Cabrera de l'Université Laval, Jean Ralph Riccardi Pompée Théodat, du Grand Séminaire Notre-Dame d'Haïti pour leur service désintéressé de l'intelligence de la foi en théologie pratique. Honneur et louange soient rendus au Créateur du ciel et de la terre, pour que le dessein de Dieu se réalise toujours plus pleinement (Familiaris Consortio n° 31).

INTRODUCTION

Le Centre diocésain pour le mariage, la vie et la famille de l'archidiocèse de Montréal[1] a la responsabilité de préparer les couples qui souhaitent recevoir le sacrement du mariage afin de consacrer leur union. Il poursuit une longue tradition de l'Église pour aider les couples à approfondir leur foi et leur union avec le Seigneur[2].

Or à partir de mars 2020, la pandémie COVID-19 a occasionné d'importantes restrictions sanitaires, la fermeture d'églises et un confinement plus ou moins sévère qui a duré pendant plus d'une année[3]. Dès les premières semaines de la pandémie, le Centre a cherché à répondre aux besoins des couples en leur offrant une formation et un accompagnement principalement en ligne.

Le passage d'une formation en présence à une formation virtuelle a nécessité le développement de nouveaux outils pédagogiques. Le Centre a préparé de nouvelles vidéos et planifié des rencontres en visioconférence afin de faciliter la participation des couples. Grâce à ce nouveau matériel, les formateurs de Montréal ont même pu accompagner des couples du Texas, du Michigan, de Toronto, d'Ottawa, en Inde, au Nigéria et au Venezuela, tant en français qu'en anglais. Même après la levée des restrictions sanitaires, plusieurs couples ont continué la préparation en ligne car la distance n'était plus un obstacle. La formation pouvait désormais être offerte indépendamment des conditions sanitaires.

Cette introduction présente brièvement la pratique de la préparation du mariage en ligne ains que les principaux problèmes auxquels étaient confrontés les formateurs et les couples durant la pandémie. Elle propose une question de recherche et résume les principales parties du mémoire.

---

[1] Outre la préparation au mariage, le Centre s'occupe de l'accompagnement des familles au niveau pastoral dans l'archidiocèse de Montréal. [Https://diocesemontreal.org/fr/archidiocese/offices-et-services/centre-diocesain-pour-le-mariage-la-vie-et-la-famille] (Consulté le 20 juillet 2020).

[2] Conseil pontifical pour la famille, Préparation au sacrement de mariage, 1997. [Https://www.vatican.va/roman_curia/pontifical_councils/family/documents/rc_pc_family_doc_13051996_preparation-for-marriage_fr.html] (Consulté le 20 juillet 2024).

[3] Marie-Ève Cousineau, « 250 personnes permises dans les lieux de culte en zone rouge », *Le Devoir*, 25 mars 2021 [https://www.ledevoir.com/societe/sante/597595/250-personnes-permises-dans-les-lieux-de-culte-en-zone-rouge] (Consulté le 20 juillet 2024).

La pratique soumise à l'étude

Cette recherche en théologie pratique porte sur les enjeux et les défis inédits auxquels se trouvait confronté le Centre diocésain dans la préparation des couples au mariage catholique durant et après la pandémie. Elle prend en compte les impacts découlant du confinement, des nouvelles règles sanitaires et de la fermeture de plusieurs lieux de culte sur la préparation au mariage. Les manières habituelles d'accompagner les couples en paroisse ont été bouleversées. Au début de la pandémie, les formateurs comme les couples étaient conduits à l'attentisme, espérant un retour rapide à la normalité des choses. Peu après, l'équipe de formateurs a dû réfléchir à de nouveaux modes d'accompagnement et développer des outils pour répondre aux exigences de la distanciation physique.

Cette nouvelle pratique de préparation au mariage en temps de pandémie s'est faite en utilisant la plateforme en ligne Zoom. Elle a rapidement répondu aux attentes de plusieurs personnes puisque 274 couples ont participé à la formation virtuelle offerte par l'archidiocèse de Montréal de 2020-2022. Les couples assistaient à huit séances de trois heures chacune afin d'approfondir divers thèmes en lien avec l'union conjugale. La pratique elle-même est décrite plus en détail au chapitre 1.

Bien que la formation en ligne facilitait la participation des couples, ceux-ci faisaient face à de nouveaux défis dans le contexte pandémique. De même, les formateurs avaient de nouveaux défis. Cette nouvelle problématique est abordée ci-après.

Problématique de la préparation du mariage en contexte de pandémie

Un premier enjeu pour les couples durant la préparation au mariage en contexte de COVID-19 était l'impact économique. À Montréal, plusieurs futurs conjoints prévoyant célébrer leur mariage en 2021 ont été affectés par la précarité économique. Certains se sont retrouvés en chômage technique, d'autres ont dû recourir à la PCU (Prestation Canadienne d'Urgence), d'autres ont travaillé avec des heures réduites ou ont été congédiés parce que leurs employeurs ne pouvaient plus assumer les charges salariales. Charton et ses collègues décrivent cette difficulté dans les termes suivants : « Au Québec, l'Enquête sur la santé de la population (EQSP) 2020-2021 a montré qu'environ 26 % des personnes en emploi de 15 ans et plus ont connu des difficultés financières pendant la pandémie, affectant leurs obligations financières, mais aussi leurs besoins essentiels, tels que de pouvoir payer leur loyer ou leur hypothèque, les services publics (électricité, chauffage, internet) et l'épicerie »[4]. Certains couples avaient réservé des locaux pour la célébration de leur mariage et différents services de traiteurs, d'animation, etc. Certains ont perdu leur dépôt. D'autres ont dû utiliser le budget prévu pour la célébration de mariage à d'autres priorités engendrées par les bouleversements de la pandémie.

Un deuxième enjeu pour les couples en préparation de leur mariage était l'incertitude et la difficulté de planifier les célébrations. Le contexte a parfois requis le déplacement de la date des cérémonies ou même provoqué l'annulation du mariage. Beaucoup de couples se sont sentis frustrés dans un contexte où ils ne maîtrisaient plus le cours des événements. Cette situation déconcertante pouvait avoir un effet dissuasif sur l'intérêt à la préparation au mariage.

Un troisième enjeu concernait l'intérêt de certains couples moins habitués aux technologies à s'adapter à une formation en ligne. De plus, d'autres couples pouvaient exprimer une fatigue par rapport aux écrans et manifester une certaine résistance à cette nouvelle forme de formation. Or les formateurs devaient comprendre ces attitudes et veiller à apporter des ajustements nécessaires dans la mesure du possible.

Un quatrième enjeu concernait le maintien de l'intérêt des couples à consacrer du temps à la préparation au mariage. Comme on vient de le mentionner, de nombreux couples étaient placés face à de nouveaux défis économiques, sociaux et technologiques. La préparation du mariage pouvait devenir moins prioritaire. Les formateurs étaient également confrontés au nouveau défi de favoriser une relation bienveillante avec les couples dans un contexte radicalement nouveau.

La question de recherche

Considérant les enjeux mentionnés ci-haut, la pratique de la préparation au mariage en ligne devenait une nouvelle façon d'accompagner les couples en vue de leur future union

---

[4] Laurence Charton, Léoni Labrecque et Joseph Josy Lévy, « La pandémie de COVID-19 : quelles répercussions sur les familles », *Enfances Familles Générations*, mis en ligne le 24 mai 2022 [http://journals.openedition.org/efg/15152] (consulté le 01 mars 2023).

conjugale et sacramentelle. Grâce à la recherche en théologie pratique, il est possible d'analyser cette nouvelle pratique, d'examiner comment elle entre en dialogue avec la Bible et la Tradition et d'éventuellement proposer des améliorations. Le travail s'est concentré sur la question de recherche suivante :

Quels sont les enjeux sociaux, pastoraux et ecclésiaux de l'accompagnement des couples qui se préparent au mariage dans l'archidiocèse de Montréal dans le temps de la pandémie COVID-19 ?

Le plan du mémoire

Ce mémoire est organisé autour de trois chapitres. Le premier chapitre décrit l'archidiocèse de Montréal, le terrain d'intervention et la pratique elle-même. Il inclut aussi une présentation des différents contextes dans lesquels la pratique se réalise : le contexte religieux, le contexte culturel et social, le contexte institutionnel catholique, le contexte d'accompagnement des couples au mariage et le contexte de pandémie éclairé par l'apport des sciences humaines tel que présenté par la sociologue Maud Navarre, dans son article « *Un nouveau rapport à l'intimité* »[5]. Nous y exposons la façon dont la préparation des couples au mariage se fait.

Le deuxième chapitre aborde la cueillette des données et la méthode d'analyse de ces données. Ceci nous permet de présenter les fruits de l'analyse et l'interprétation des données recueillies.

Le troisième chapitre propose une interprétation théologique des données recueillies. Nous utilisons la méthode de la théologie pratique, plus spécialement l'outil de la corrélation critique à partir de deux récits bibliques qui entreront en dialogue avec les données : Le récit de la Pentecôte (Ac 2, 1-47) et le récit de la tour de Babel (Gn 1, 1-9). En clair, la corrélation critique est ce qui permet de saisir la révélation de Dieu à l'intérieur des

---

[5] « Un nouveau rapport à l'intimité » est un article écrit par la sociologue Maud Navarre, parut dans la revue Cairn.Info/Sciences Humaines 2022/2 (N° 344) dans lequel l'auteur décrit comment la distanciation physique, la crise sanitaire a bouleversé la part la plus intime de notre vie sociale.

expériences humaines et de faire une expérience religieuse avec les expériences humaines d'aujourd'hui.

La conclusion générale fait le point sur toute la recherche et les objectifs visés qui sont la compréhension et l'évaluation du processus d'accompagnement des couples en ligne en temps de pandémie mondiale et de confinement.

Dans ce premier chapitre, nous décrirons l'archidiocèse de Montréal, ce qui permettra de cerner sa situation démographique et économique ainsi que l'évolution du mariage au Québec au fil des années. Nous aborderons la nouvelle pratique étudiée, c'est-à-dire la préparation au mariage en ligne. Nous visiterons différents contextes spécifiques liés à cette pratique, notamment les restrictions des normes imposées par la santé publique, où il était impossible de faire comme avant et la manière dont les formateurs ont vécu ce changement. Nous mettrons en lumière les enjeux socio-économiques avec lesquels plusieurs couples qui se préparent au mariage doivent composer et qui engendrent une plus grande précarité financière, certains enjeux humains et professionnels exigeants affectivement et socialement. Enfin, nous aborderons la première annonce de la foi dans la formation des couples, qui fait appel à revisiter la formation du mariage avec un soin tout particulier dans ce contexte de confinement mondial.

1.1 Description du terrain d'intervention

Cette première partie décrit brièvement le diocèse, fournit un aperçu du profil économique de Montréal et aborde le déclin du mariage au Québec au cours des dernières décennies.

1.1.1   L'archidiocèse de Montréal

L'archidiocèse de Montréal s'étend sur une superficie de 947 km^2 et inclut une population catholique de 1 282 789 habitants en 2022[6]. Montréal a été érigé en diocèse le 13 mai 1836 par le pape Grégoire XVI, puis élevé au rang d'archidiocèse en 1886. De 1836 à aujourd'hui, l'archidiocèse de Montréal a connu 10 évêques à sa charge pastorale.

L'archidiocèse de Montréal est aujourd'hui l'une des 21 juridictions catholiques au Québec. Son siège est la basilique-cathédrale Marie-Reine-du-Monde située dans l'arrondissement de Ville-Marie. Son territoire couvre l'île de Montréal, l'île Jésus (Laval), la municipalité régionale de comté de l'Assomption et Repentigny. L'archidiocèse compte aujourd'hui 214 églises (incluant chapelles, sanctuaires et basiliques) et 189 paroisses.

---

[6]   Statistiques, « L'archidiocèse catholique de Montréal en quelques chiffres », [https://www.diocesemontreal.org/fr/archidiocese/statistiques] (consulté le 21 février 2022).

Pendant longtemps, l'Église a été au cœur de la vie sociale au Québec. Elle a eu une grande influence sur les couples mariés. Réal Houde écrit à ce sujet :

> Jusqu'en 1940, la tradition catholique demeure le modèle religieux central ; il exerce un quasi-monopole sur l'administration des rites de passage chez les francophones, dont le mariage (malgré quelques exceptions). Ce système est le cœur de l'habitus socioreligieux canadien-français. L'Église catholique, l'organisme le plus près de la vie quotidienne du peuple, organise la reconnaissance des différentes facettes de l'existence à travers ses sacrements et l'éducation : on baptise le nouveau-né ; on célèbre l'union entre une femme et un homme par les épousailles et le mariage[7].

Or l'influence de l'Église a diminué considérablement sur la vie des couples depuis la fin de la deuxième guerre mondiale. On peut mentionner d'abord l'assouplissement de la loi fédérale sur le divorce à partir de 1968 qui a occasionné une augmentation rapide des séparations[8]. Ensuite, l'union libre est devenue une forme de cohabitation de plus en plus fréquente et reconnue au Canada[9] et en particulier au Québec où, dès 2002, on recensait plus de 50% de naissance hors mariage[10].

Par ailleurs, un autre fait marquant aujourd'hui dans l'archidiocèse de Montréal est le changement démographique. La région métropolitaine de Montréal devient de plus en plus multilingue alors que plusieurs francophones quittent l'île et l'immigration y est en pleine expansion. En 2021, les francophones représentaient une part moins importante de la population dans les municipalités à forte présence immigrante (66 % pour Montréal et 73 % pour Gatineau) comparativement au reste du Québec (94 %)[11].

---

[7] Réal Houde, « L'effritement de la pratique du mariage catholique comme exemple des mutations socioreligieuses chez les francophones du Québec. Analyse des transformations de leur habitus socioreligieux de 1640 jusqu'au début du troisième millénaire ». Thèse présentée au Centre d'études du religieux contemporain, Université de Sherbrooke, 2018. p. 66.

[8] Margrit Eichler, « Divorce au Canada », *Encyclopédie canadienne*, 19 septembre 2016. [https://www.thecanadianencyclopedia.ca/fr/article/divorce-in-canada] (consulté le 20 avril 2022).

[9] Zheng Wu, *Cohabitation. An Alternative Form of Family Living*, Oxford University Press, 2000.

[10] Heather Juby, Compte rendu de [WU, Zheng. 2000. Cohabitation. An Alternative Form of Family Living. Oxford University Press, 200 p.] *Cahiers québécois de démographie (2002)*, 31(1), 186–189. [https://doi.org/10.7202/000429ar] (consulté le 20 avril 2022).

[11] Office québécois de la langue française, «Rapport sur l'évolution de la situation linguistique au Québec 2024», Bibliothèque et Archives nationales du Québec, p. 19.

L'immigration n'est pas un phénomène nouveau car l'histoire de Montréal est marquée par des vagues successives de nouveaux arrivants depuis sa fondation. On retrouve aujourd'hui dans l'archidiocèse de Montréal des communautés ethniques variées, notamment allemande, chinoise, coréenne, croate, espagnole, haïtienne, hongroise, italienne, japonaise, latino-américaine, lettonne, lituanienne, néerlandaise, polonaise, portugaise, roumaine, russe, libanaise, grecque, marocaine, écossaise, irlandaise, français, slovaque, slovène, syrienne, cambodgienne, africaines et vietnamienne[12]. Plusieurs communautés encouragent d'ailleurs leurs membres à envisager le mariage catholique.

1.1.2   Profil territorial et économique de Montréal

Figure 1: Délimitation de la Région métropolitaine de Montréal

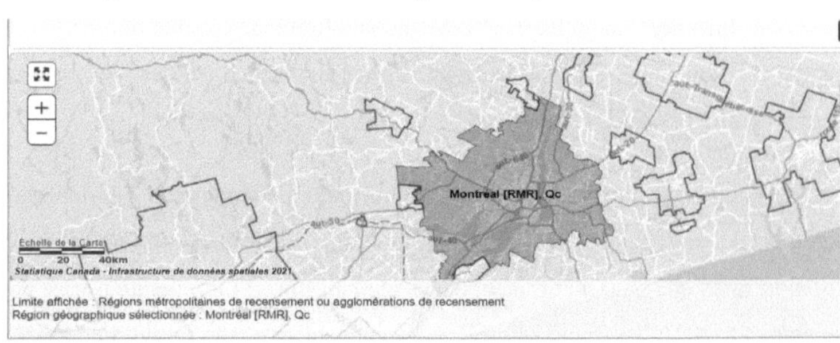

Source : Statistique Canada 2021

Entre 1996 et 2001, Montréal a connu une croissance démographique modeste de 3 %[13], un pourcentage plus faible que dans le reste du Canada (4 %) et dans d'autres grandes villes comme Toronto (9,8 %) et Vancouver (8,5 %). La population du centre-ville de Montréal

---

[https://www.oqlf.gouv.qc.ca/ressources/sociolinguistique/2024/rapport-evolution-situation-linguistique.pdf] (Consulté le 24 août 2024).

[12] Montréal, des données, une histoire : la diversité ethnoculturelle et l'inclusion au Canada. Une discussion avec Statistique Canada, diffusée le 11 avril 2019 [https://www150.statcan.gc.ca/n1/pub/11-631-x/11-631-x2019001-fra.htm] (Consulté le 24 août 2024).

[13] Statistique Canada, « Recensement 1996-2001 » [https://www12.statcan.gc.ca/Francais/census96/data/tables/Rp-fra.cfm?] (Consulté le 25 juillet 2021).

a augmenté en moyenne de 4,8 % par année de 2016 à 2021[14]. Les estimations démographiques provisoires montrent que, depuis le début de la pandémie de COVID-19, le rythme de la croissance démographique de Montréal est à 1,4 %[15].

Sur le plan économique, Montréal est la deuxième ville en importance au Canada, après Toronto. Son économie se déploie dans plusieurs domaines, tels l'aérospatial, les technologies de l'information et des communications (TIC) et les sciences de la vie (premier rang au Canada pour les organisations de recherches à contrat, huitième rang en Amérique du Nord pour le nombre d'emplois en biopharmaceutique).

Selon une recherche comparative concernant le développement économique de plusieurs grandes villes, Montréal se situe favorablement pour l'attrait des investisseurs, le nombre d'établissements universitaires et son important capital humain. Aujourd'hui, avec plus de 1,8 million d'habitants[16], Montréal dispose d'un vaste réseau d'entreprises, d'institutions et d'établissements d'enseignement et de recherche qui continuent d'attirer des étudiants internationaux.

1.1.3   Déclin du mariage à Montréal

Selon Ellen Roderick, co-directrice de la pastorale du mariage de l'Archidiocèse de Montréal, Montréal est un carrefour de rendez-vous d'innombrables célébrations de mariage catholique, en raison de son patrimoine religieux, sa diversité ethnique, sa richesse culturelle, sa destination touristique, sa position géographique et son ouverture à l'accueil des immigrants[17]. Toutefois, cela n'empêche pas de constater un déclin important du nombre de mariages célébrés au long des années. Réal Houde affirme également une diminution des mariage religieux : « La pratique du mariage catholique chez les francophones du Québec a connu un déclin rapide depuis 1940. Jusqu'au tournant du siècle (2000), les francophones catholiques du Québec se mariaient, en grande majorité, à

---

[14] Statistique Canada, « Recensement 2016-2021 » [https://www150.statcan.gc.ca/n1/daily quotidien/220209] (consulté le 20 avril 2022).
[15] *Id.*, « Statistique Canada… ».
[16] [s.a.] Avis de la CRÉ (Commission de régulation de l'énergie) de Montréal pour réussir à Montréal, enjeux et priorités stratégiques, déposé dans le cadre de la consultation sur le bilan de la stratégie de développement économique de la ville de Montréal, 3 septembre 2009.
[17] Ellen Roderick, Communication personnelle, septembre 2020.

l'occasion d'une célébration religieuse. Toutefois, depuis quelques années, nous constatons un changement »[18].

Selon des résultats publiés sur le site de la Statistique du Québec, la diminution des mariages religieux est plus prononcée chez les couples formés de deux conjoints nés au Canada (60 %) que chez les couples dont les deux conjoints sont nés à l'étranger (25 %) ou dont l'un des conjoints est né à l'étranger (32 %). Le tableau 1 ci-dessous présente la situation du mariage au Québec de 2015 - 2020[19].

Tableau 1: Mariages selon la catégorie du célébrant au Québec de 2015-2020

Année	Ministre du Culte Nombre/ %	Greffier[20] N / %	Personne désignée[21] N / %	Notaire[22] N / %	Total N	Mariages célébrés civilement[3] %
2015	9 591 /43,9	3 493/ 16,0	5 636/ 25,8	3 121 /14,3	21 841	56,1
2016	9 051 /42,5	3 268/ 15,3	5 850/ 27,5	3 129 /14,7	21 298	57,5
2017	8 723 /39,3	3 419/ 15,4	6 405/ 28,8	3 657/16,5	22 204	60,7
2018	8 416 /38,0	3 247/ 14,7	6 654/ 30,1	3 816/ 17,2	22 133	62,0
2019	7 810 /36,2	3 533/ 16,4	6 380/ 29,5	3 879/18,0	21 602	63,8
2020	3 426 /31,4	2 175/ 19,9	2 002/ 18,4	3 301/ 30,3	10 904	68,6

À la lecture du tableau 1, on constate qu'environ 40% des mariages ont été célébrés religieusement et 60% ont été célébrés civilement durant la période 2015-2020. La

---

[18] R. Houde, « L'effritement… », p. 20.

[19] Institut de la statistique du Québec 2021[https://statistique.quebec.ca/fr] (consulté le 13 juillet 2021).

[20] Greffier ou un greffier adjoint de la Cour supérieure désigné à cette fin (appelé protonotaire avant 1994).

[21] Depuis juin 2002, un mariage peut être célébré par un notaire ou une « personne désignée ». La personne désignée peut être un maire, un conseiller ou un fonctionnaire municipal, mais aussi toute personne qui en fait la demande au Directeur de l'état civil, comme un ami ou un membre de la famille du couple.

[22] Mariages célébrés par un greffier, une personne désignée ou un notaire.

diminution importante du nombre de mariages en 2020 est reliée à la COVID-19 qui a obligé plusieurs couples à retarder ou même annuler leur projet.

Le tableau 2 présente la statistique des mariages célébrés au Québec selon le lieu de naissance des époux, de 2015-2022[23]. Environ le quart des conjoints qui se marient au Québec viennent dans les familles immigrées. Une mise à jour récente (en février 2024) montre que le nombre total de mariage en 2022 au Québec est revenu au même niveau que le nombre avant la pandémie COVID-19[24].

Tableau 2 Lieu de naissance des époux de 2015-2022.

Année	Autre pays	Autre province	Québec	Non déclaré	Total
2015 (épouse)	4 564	1 097	16 173	7	21 841
2015 (époux)	4 896	1 144	15 793	8	21 841
2016 (épouse)	4 518	1 152	15 618	10	21 298
2016 (époux)	4 831	1 116	15 338	13	21 298
2017 (épouse)	4 843	1 108	16 253	0	22 204
2017 (époux)	5 149	1 140	15 915	0	22 204
2018 (épouse)	5 082	1 131	15 920	0	22 133
2018 (époux)	5 306	1 176	15 651	0	22 133
2019 (épouse)	5 492	1 073	15 037	0	21 602
2019 (époux)	5 693	1 080	14 829	0	21 602
2020 (épouse)	3 996	485	6 400	23	10 904
2020 (époux)	4 089	488	1302	25	10 904
2021 (épouse)	4 849	692	8 677	0	14 218
2021 (époux)	4 888	728	8 602	0	14 218
2022 (épouse)	5 844	1 122	15 122	81	22 169

[23] Institut de la statistique du Québec, « mariages de conjoints de sexe opposé » [https://statistique.quebec.ca/fr/document/mariages-le-quebec/tableau/mariages-selon-le-lieu-de-naissance-des-epoux-quebec] (consulté le 13 juin 2021).
[24] Institut de la statistique du Québec, « Mariages selon le lieu de naissance des époux, Québec, 2017-2022 », [https://statistique.quebec.ca/fr/document/mariages-le-quebec/tableau/mariages-selon-le-lieu-de-naissance-des-epoux-quebec] (consulté le 25 août 2024)

2022 (époux)	5 963	1 133	14 970	103	22 169

Le tableau 3 décrit l'état matrimonial des résidents de la ville de Montréal selon le recensement de 2021[25]. On observe que 67% des couples étaient alors mariés et 33% en union libre. Selon une étude plus récente (mars 2024), la tendance est à l'augmentation de l'union libre. Pour l'ensemble de la province, on s'approcherait de 50% des couples en union libre alors que le nombre de naissances hors mariage atteint déjà 80% selon la spécialiste Carmen Lavallée de l'Université de Sherbrooke[26].

Tableau 3: L'état matrimonial dans la ville de Montréal

Total — état matrimonial pour la population totale âgée de 15 ans et Plus — données intégrales (100 %)	1 492 520
Marié ou vivant en union libre	705 905
Marié	475 835
Vivant en union libre	230 070
Vivant en union libre — jamais marié	196 170
Vivant en union libre — séparé	2 885
Vivant en union libre — Divorcé	28 550
Vivant en union libre — Veuf (veuve)	2 465
Non marié et ne vivant pas en union libre	7865

1.2 Description de la pratique de la formation au mariage en ligne

Cette deuxième partie décrit la pratique de la formation au mariage en ligne telle qu'elle s'est développée de 2020 à 2022 à l'archidiocèse de Montréal. Dans un premier temps, on explique brièvement les objectifs de la formation. Dans un deuxième temps, on précise les modalités qui ont permis d'offrir la formation en ligne. Dans un troisième temps, on

---

[25] Statistique Canada 2022 (tableau). Profil du recensement, recensement de la population de 2021, produit n° 98-316-X2021001 au catalogue de Statistique Canada, Ottawa.

[26] Institut national de la recherche scientifique, « *Cadre juridique pour les couples en union libre : premier coup de sonde au Québec* », 27 mars 2024 [https://www.quebec.ca/nouvelles/actualites/details/cadre-juridique-pour-les-couples-en-union-libre-premier-coup-de-sonde-au-quebec-54671] (consulté le 25 août 2024).

examine de plus près les huit thèmes habituels dans la formation. Les informations proviennent principalement du personnel du Centre diocésain pour le mariage, la vie et la famille.

1.2.1 Aperçu de la formation au mariage

Dans le diocèse de Montréal, une formation préalable de préparation au mariage est obligatoire avant de se marier en Église[27]. Deux types de formation sont les plus courants : soit un week-end du vendredi au dimanche, soit quatre à six rencontres le soir ou une journée de fin de semaine. Dans les deux cas, des formateurs rencontrent les couples pendant une vingtaine d'heures afin de leur transmettre des enseignements sur la foi chrétienne, la communication en couple, le sens du mariage en présence du Seigneur et la spiritualité conjugale.

Dans l'archidiocèse de Montréal, on aborde habituellement huit thèmes durant la formation : 1) la préparation au mariage ; 2) la communication ; 3) la prière ; 4) la sexualité ; 5) la planification familiale naturelle; 6) la paternité et la maternité ; 7) l'intendance ; 8) le sacrement du mariage. Le Centre diocésain délègue aux paroisses et à certains organismes (comme le Centre Saint-Pierre ou l'Oratoire Saint-Joseph) l'organisation des formations qui peuvent varier légèrement en contenu. Par exemple, l'Oratoire Saint-Joseph aborde les thèmes suivants : 1) valeurs humaines et spirituelles dans un projet de vie à deux; 2) communication au sein du couple; 3) phases relationnelles; 4) dimensions spirituelles; 5) intimité sexuelle; 6) sens religieux de la démarche en Église; 7) aspects juridiques du mariage[28].

---

[27] Centre diocésain pour le mariage, la vie et la famille, *Le mariage : signe visible de l'amour de Dieu, Sessions de préparation au mariage 2023-2024*, Diocèse de Montréal [https://diocesemontreal.org/sites/default/files/ressources/2023-08/Brochure-de-preparation-au-mariage.pdf] (consulté le 14 août 2024)

[28] Oratoire Saint-Joseph du Mont-Royal, *Préparation au mariage*, [https://www.saint-joseph.org/fr/spiritualite/les-rendez-vous-de-la-foi/preparation-au-mariage] (Consulté le 14 août 2024).

1.2.2 Formation en ligne durant la pandémie

Au début de la pandémie en mars 2020, toutes les activités de formation qui se faisaient exclusivement en présence ont été suspendues. Cependant, le personnel du Centre tenait à reprendre le plus rapidement possible les formations en cours et celles à venir.

Un premier défi pour le personnel du Centre était d'encourager tous les formateurs, qui étaient principalement des couples bénévoles, de s'orienter vers une formation en ligne. Plusieurs formateurs n'avaient pas à domicile le logiciel approprié ou les caméras vidéo; de plus, le son et la connexion internet étaient souvent de mauvaise qualité. Pour résoudre certains de ces problèmes techniques, les formateurs ont été invités aux bureaux de l'archidiocèse pour entreprendre des présentations en ligne qui incluaient les mêmes PowerPoint utilisés en présence et des présentations qui pouvaient durer huit heures en ligne.

Rapidement, cette façon de faire est devenue intenable car ni les participants, ni les formateurs ne pouvaient supporter une formation intensive d'une si longue durée en ligne. On a alors commencé à subdiviser les formations en modules d'environ trois heures. Cela a impliqué de refaire et raccourcir les PowerPoint. De plus, les formations ont été étalées sur une plus longue durée, parfois de quatre à huit semaines au lieu d'être intensives comme en une seule fin de semaine ou quelques journées complètes en présence.

Les formateurs ont alors eu l'occasion de réviser et subdiviser les présentations en modules plus courts. Les rencontres étant plus nombreuses, jusqu'à huit moments différents, les formateurs et les couples en formation se sont rencontrés à plusieurs reprises au lieu d'une seule fois lors des sessions intensives. Selon le personnel du Centre, les formateurs ont apprécié cet étalement qui permettait de mieux connaître les participants sur une plus longue période. Même si les rencontres étaient en ligne, il y avait un plaisir et une familiarité qui pouvait se développer à travers ces rencontres multiples. Cette nouvelle approche ressemble au RICA (Rituel de l'initiation chrétienne des adultes)[29] où la

---

[29] Voir par exemple : [https://catechese.catholique.fr/outils/conference-contribution/9673-rituel-de-linitiation-chretienne-adultes-structure-rica-temps-etapes/ ou] (Consulté le 20 aout 2024).

formation est étalée sur une plus longue période que la préparation traditionnelle au mariage où la formation est intense et de courte durée.

D'un point de vue pratique, les couples recevaient par courriel un lien Zoom leur permettant de participer aux rencontres quel que soit leur lieu géographique. Une fois que tous les participants étaient connectés, un formateur exposait le plan de la rencontre. Un autre formateur assurait les manœuvres techniques servant à tourner les courtes présentations de formation. À partir d'un symbole disponible sur la barre de tâche, le formateur identifiait et autorisait les couples qui souhaitaient intervenir l'un après l'autre. Les participants pouvaient aussi réagir par message écrit à partir de leur ordinateur, ce qui permettait au formateur de répondre. À partir d'un onglet appelé « chambre de séparation », les formateurs répartissaient les participants en équipes de discussion d'environ cinq couples. Le formateur pouvait les visiter momentanément avant de revenir en plénière.

La formule en ligne a permis de mettre sur pied de plus petits groupes qu'en présence où la logistique habituelle requiert la participation de 15 à 20 couples. En ligne, on pouvait envisager des groupes aussi petits que cinq couples. De plus, la distance ou la séparation géographique de certains conjoints ne pose plus de difficulté.

1.3 Huit thèmes abordés durant la formation des couples au mariage

Les objectifs de la formation en ligne sont les mêmes que les objectifs de la formation en présence : il s'agit d'encourager les conjoints à mieux comprendre le sens du mariage chrétien. À cette fin, le Centre diocésain pour le mariage, la vie et la famille de l'archidiocèse de Montréal propose d'explorer les huit thématiques suivantes : 1) la préparation au mariage ; 2) la communication ; 3) la prière; 4) la sexualité ; 5) la planification familiale naturelle 6) la paternité et la maternité ; 7) l'intendance ; 8) le sacrement du mariage.

En exposant aux futurs époux divers sujets ou problèmes susceptibles d'arriver après le mariage, les couples ont l'occasion d'en discuter et de se préparer à y faire face. Le programme est ainsi axé sur la prévention mais aussi sur la formation grâce à l'expertise d'une équipe formée de membres du clergé, de couples mariés et de particuliers[30]. Chacune des thématiques est présentée ci-après.

1.3.1   La préparation au mariage

Dans cette première thématique, les formateurs évaluent la maturité des participants et leur motivation à s'engager dans le processus. Ils leur posent la question suivante : « Qu'est-ce qui vous amène à l'église pour le mariage ? »[31]. Les formateurs reconnaissent qu'il est crucial en ce moment de se demander ce que cette phrase signifie pour chaque futur époux personnellement et en tant que couple. Le voyage de la vie en couple marié est marqué par des sommets et des vallées. Les différences de personnalité et les défauts, la maladie, les blessures et la perte d'emploi ne sont que quelques-uns des défis qui peuvent mettre à l'épreuve les forces du véritable engagement d'un couple.

Le formateur aide les couples à discerner leur force et leur faiblesse. À ce propos, Pierre-Yves Boily rapporte que la première réaction de presque tous les jeunes couples est de se demander ce qu'ils viennent faire durant la formation. C'est à ce moment que les formateurs proposent au couple de discuter des éléments suivants : « Leur amour, leur projet, leur foi, la liturgie, leur environnement. Ils auront l'occasion de vous dire ce qu'ils acceptent d'entreprendre. C'est ce qu'on appelle le contrat »[32].

Enfin, ce temps de préparation dans la vie des couples est fructueux s'il se vit dans la prière à la Sainte Trinité comme modèle de communion familiale. La préparation éloignée, la préparation prochaine et la préparation immédiate, proposées par le pape Jean-Paul II dans son exhortation apostolique *Familiaris Consortio*, mettent en relief la mission des familles dans l'Église encouragées à transmettre les valeurs chrétiennes aux jeunes qui vont s'engager dans le mariage[33]. Dans son exhortation *Amoris Laetitia*, le pape François relève

---

[30] Diocesan Centre for marriage, life and family, « From this day forward, Marriage Preparation Program for engaged couples, 2022–2023 » [http://microsites.diocesemontreal.org/microsites/from-this-day-forward] (Consulté le 13 mars 2022).

[31] *Id.,* « From this day forward…».

[32] Pierre-Yves Boily, *Nouveaux services dans la paroisse, préparation du mariage*, Ottawa, Novalis, 1981, p. 24.

[33] Cf. Pape Jean Paul II, *Exhortation apostolique Familiaris Consortio, sur les tâches de la famille chrétienne dans le monde d'aujourd'hui*, Rome, 1981, n° 66.

que le temps mis pour la préparation aide les couples à grandir dans leur humanité et dans leur foi[34]. D'autres éléments proposés dans le programme de formation visent à aider les couples à s'épanouir pleinement et à bien vivre leurs relations. Parmi eux, la communication constitue un outil fondamental.

1.3.2 Communication et conflit

L'être humain est un être de communication. Dans la vie conjugale, maintenir une ambiance de communication entre époux est essentiel. Mais un tel dialogue peut s'avérer complexe. Pour réaliser une ambiance favorable, certains couples ont besoin d'une aide extérieure afin de développer des habiletés de communication entre eux.

Face à la complexité du vivre ensemble, les formateurs du Centre diocésain de Montréal disposent d'un programme de formation sur la communication. Ce programme aide les couples à développer des habiletés de communication et des modes de résolution de conflits entre eux.

La communication est fondamentale pour une vie de couple saine et équilibrée. Il s'agit d'un socle solide sur lequel peut se construire la vocation du mariage. La communication est une habileté qui peut s'apprendre et qui peut évoluer de façon positive.

1.3.3 La prière

La prière est nécessaire pour aider les couples à se nourrir spirituellement. En lien avec la prière des couples, le pape Jean Paul II disait : « Dans la célébration du mariage, une attention toute spéciale doit être réservée aux dispositions morales et spirituelles des époux, en particulier à leur foi »[35].

Au cours de la formation, les formateurs de l'archidiocèse de Montréal cherchent à développer l'esprit de prière chez les couples. Ils ont observé pendant des années que les couples ne savaient pas vraiment prier. Certains s'adaptent à la prière à l'invitation des

---

[34] Cf. Pape François, *Exhortation apostolique Amoris Laetitia, sur la joie de l'amour dans la famille*, Rome, 2016, n° 211.

[35] Jean Paul II, *Exhortation apostolique Familiaris Consortio, sur les taches de la famille chrétienne dans le monde d'aujourd'hui*, Rome, Vatican, 1981, n° 68.

formateurs. D'autres leur ont fait la demande : « Ils ont dit que vous n'arrêtiez pas de parler de la prière en couple, de la prière individuelle, quand est-ce que vous nous enseignerez comment prier ?»[36]. La recommandation des couples aux formateurs sur leur désir d'apprendre à prier rejoint justement la soif du disciple dans l'Évangile selon saint Luc qui demandait à Jésus de leur apprendre à prier : « Jésus priait un jour en un certain lieu. Lorsqu'il eut achevé, un de ses disciples lui dit : Seigneur, enseigne-nous à prier, comme Jean l'a enseigné à ses disciples »[37].

Durant le temps de pandémie et de confinement mondial, les couples en formation au Centre diocésain de Montréal se sont montrés habités par le même souci du peuple de Dieu, qui se réunissait auprès des Apôtres dans le Cénacle. En plus d'entendre parler de la prière, ces jeunes en formation veulent être des couples qui savent prier pour mieux intégrer l'Église et la servir. En fait, sur la requête des couples, les formateurs ont intensifié la prière dans le programme, pour mieux préparer les couples à la vie spirituelle. Ils stipulent : « Nous avons donc eu une conférence sur la prière qui s'est très bien déroulée. C'est très interactif et nous avons un prêtre qui donne ce sujet et c'est très bien reçu. Les couples apprécient beaucoup la formation sur la prière »[38].

1.3.4   La sexualité

Dans la vie d'un couple, la relation sexuelle est primordiale. Cela signifie que cette relation intime est privilégiée. Elle engage tout l'être du couple à être pris en considération (comme un objet précieux, fragile qu'on voudrait conserver toute sa vie). Selon Bernard et Bernadette Chovelon, « la sexualité est un engagement concret entre un homme et une femme, un lien très solide entre eux, irremplaçable, propre à chaque couple ; celui-ci se trouve quotidiennement libre d'en faire ce qu'il en veut : une joie, un moment intense, une fusion, une attente merveilleuse, une corvée, une répulsion, un mal inévitable, etc. »[39]. Mais, d'où vient le désir sexuel ? Quand la rencontre se fait entre le couple, le désir nait

---

[36] Les citations identifiées par P1, P2, P3 ou P4 viennent du verbatim en annexe A. Cette première citation est de P3, n° 59.

[37] Lc 11, 1.

[38] Annexe A: P1, n° 60.

[39] Bernadette et Bernard Chovelon, *L'aventure du mariage chrétien, Guide pratique et spirituel,* Paris, Les éditions du Cerf, 2002, p. 128.

spontanément en créant l'attirance et l'amour. À ce point Bernard et Bernadette Chovelon stipulent : « Dans les premiers temps, l'amour répond à une sublimation du sexuel, mais c'est bien le sexuel qui est primordial dans la plupart du temps, en particulier chez un homme. Le bien sexuel entraine tendresse, idéalisation de soi, des autres, de l'amour et apporte comblement et plénitude, bonheur, fête du cœur et du corps »[40].

La formations sur la sexualité est fortement basée sur « *la théologie du corps* » décrite par Jean Paul II. Outre une description de la beauté de l'intimité vécue avec amour, elle inclut des sujets difficiles : la pornographie, l'infidélité, la masturbation, la fécondation dans chacun. Elle permet aux couples en préparation au mariage de développer une compréhension positive de la sexualité sur le plan humain, la beauté de la sexualité et la beauté du corps [un peu d'anthropologie][41].

C'est dans le dialogue sincère et confiant que l'on peut arriver à mieux se comprendre et à se supporter. Bâtir un lien sexuel tendu vers l'harmonie requiert l'échange, le respect des réactions de l'autre, la connaissance des émotions, la simplicité et surtout l'amour ou la tendresse, conclut le couple Chovelon.

1.3.5 Planification naturelle des naissances

L'Église a toujours mis l'accent sur la procréation par les méthodes naturelles, car elle est en rapport à son credo véhiculé sur l'institution du mariage. La valeur de l'institution du mariage repose sur la justification des rapports sexuels de l'homme et de la femme. Autour de cette valeur est greffé l'économie, le culturel qui enrichit le cadre institutionnel du mariage. Mais l'acte sexuel entre l'homme et la femme est spécifique, parce qu'il entre dans l'ordre de la nature biologique du mariage. En ce sens, les formateurs décrivent le programme de la planification familiale naturelle comme un sujet clé qu'aucun couple ne veut manquer : « Oui, nous avons le programme de régulation naturelle de naissance. Les couples ont le droit et le devoir de l'avoir. C'est une formatrice certifiée en planification

---

[40] *Id.*, « L'aventure du mariage… », p. 29.
[41] P1, n° 63.

familiale qui donne ce sujet. Et les couples l'apprécient et certains d'entre eux la contactent par la suite pour suivre un cours »[42].

1.3.6 Paternité et maternité

Il s'agit d'intégrer des connaissances sur la vocation des conjoints comme parents et développer des connaissances face à leurs responsabilités. Dans le programme de formation des couples à Montréal, les formateurs invitent les futurs époux à comprendre leur vocation de parents : « Nous avons un programme sur la parentalité responsable, cela s'accentue en quelque sorte sur la famille et à quoi pourrait ressembler une famille, et nous trouvons beaucoup de problèmes avec cela »[43]. Le père engendre, la mère enfante[44]. Être père et mère est une œuvre de communion où chacun occupe une place spécifique. C'est ça la vocation familiale entre les époux que le Pape François décrit en ces mots : « La vocation de la famille est d'être un lieu de prière, de service et d'amour, une petite *Église du foyer*. Les familles le font naturellement dans leur vie quotidienne. La spiritualité de l'amour familial est faite de milliers de gestes petits, mais réels »[45]. Dans la même lignée du pape François, les formateurs du Centre diocésain donnent des exemples personnels par lesquels les couples peuvent réfléchir avec leurs propres familles d'origine et partager leurs espoirs et leurs attentes les uns avec les autres. Ceci explique qu'il ne suffit pas d'engendrer ni de mettre au monde, mais il faut aussi élever les enfants. Il peut arriver que les pères engendrent et ne sont pas présents ou encore que la mère qui a mis l'enfant au monde meure. Il faut que la parentalité soit assumée autrement des fonctions paternelle et maternelle. C'est un peu ça que l'on appelle les familles monoparentales qui ne sont pas rares aujourd'hui. C'est pourquoi dans la préparation du mariage, les fiancés n'ont pas à

---

[42] P1, n° 64.
[43] P1, n° 67.
[44] Père Alain Quilici, *Le temps des fiançailles,* Notre-Dame-des-Champs, Éditions Salvator, 2013, p. 85-86.
[45] Pape François, Exhortation apostolique *Amoris Laetitia, sur la joie de l'amour dans la famille*, Rome, 2016, n° 315.

fonder leur réflexion sur des exceptions. Ils doivent assumer, de manière holistique, la répartition des tâches et des responsabilités de la femme.

1.3.7   Intendance

« Un homme généreux prospérera ; celui qui refuse les autres sera lui-même refusé »[46]. Dans cette partie, les formateurs préparent les couples à la gestion du temps, des talents et de l'argent. Ils les aident à discerner et à identifier des habilités respectives dans les couples : « Nous avons l'intendance qui consiste à utiliser leurs talents dans le monde, dans leur couple et dans leur trésor familial »[47]. Les formateurs invitent les couples à avoir une gestion équilibrée du temps et développer des habiletés dans la gestion financière. Ils affirment : « À part du temps, les talents et le trésor, donc il y a beaucoup de points qui se passent dans ce sujet, parce que l'argent est toujours un problème dans la vie conjugale. C'est pourquoi nous leur donnons également cet outil »[48].

En un mot, il est important que les couples favorisent un dialogue constant entre eux pour régler les questions de temps et de talents. Un tel processus leur permettra de vivre en profondeur la beauté de la vocation du mariage comme sacrement.

1.3.8   Le sacrement du mariage dans la formation des couples

Le sacrement du mariage c'est l'engagement des époux. Mais au-delà du contrat ou du dessein de vie que les époux ratifient ce jour-là, Michel Evdokimov, théologien français et archiprêtre orthodoxe, engagé dans l'œcuménisme, stipule : « Le mariage est d'abord un sacrement, c'est-à-dire le lieu de la présence de l'Esprit Saint qui transforme l'être humain et annonce l'avènement du Royaume. L'Église, par ses ministres autorisés, confère le sacrement et transmet par là une grâce qui illumine les fiancés et en fait des époux du Royaume »[49]. « Ils ne sont donc plus deux, mais un. Par conséquent, ce que Dieu a uni ensemble, que l'homme ne se sépare pas »[50]. Pour les catholiques, le mariage est un sacrement, un moyen de faire l'expérience de la grâce divine. Les époux reconnaissent ce

---

[46] Pr 11, 25.
[47] P1, n° 65.
[48] P1, n° 66.
[49] Michel Evdokimov, « Les époux du royaume, un point de vue orthodoxe », sous la direction de Xavier Lacroix, « Oser dire le mariage indissoluble », Paris, les éditions du Cerf, 2001, p. 145.
[50] Mt 19, 6.

sacrement comme un signe que l'amour de Dieu est vraiment présent dans leur relation. Le lien conjugal exige que chaque partenaire soit fidèle l'un à l'autre, partage la vie de l'autre et apporte librement un soutien spirituel et matériel. C'est en ce sens que les formateurs du Centre diocésain de Montréal précisent : « Les couples recevront les enseignements de l'Église catholique et une meilleure compréhension de la signification de leurs vœux et de la dignité du sacrement qu'ils recevront »[51].

Dans le programme de formation du mariage 2022-2023, les accompagnateurs du Centre diocésain de Montréal mettent beaucoup d'emphase sur la responsabilité des époux face à leur engagement à ce sacrement : « C'est pour qu'ils comprennent vraiment ce qu'est un sacrement. Et ils voient vraiment l'importance et la façon dont la décision qu'ils prennent n'est pas quelque chose que vous pouvez prendre à la légère »[52].

Ainsi, les formateurs amènent les couples à reconnaître que leur amour, leur rencontre et leur projet sont des dons de Dieu qu'ils s'engagent à faire fructifier dans leur mariage. Ces dons leur donneront un cœur nouveau pour permettre d'aimer au-delà de toute prévision. À ce propos, le couple Bernadette et Bernard Chovelon définit le sacrement du mariage en ces termes : « Le signe de la confiance et de l'espérance des couples dans l'aide de Dieu en laquelle ils croient et qu'en ce jour ils prennent comme roc dans leur amour. Comme tout sacrement, le sacrement de mariage est une rencontre avec le Seigneur, un acte de foi, un engagement »[53]. Pour aider les couples à bien intérioriser ces trois dimensions évoquées par Bernadette et Bernard Chovelon, les formateurs donnent un crucifix aux couples à la fin de chaque session. Le crucifix sera utilisé pendant la célébration du mariage ; il sera ramené à la maison pour encourager la fidélité des couples et consolider leur engagement au Christ dans leur mariage.

---

[51] Diocesan Centre for marriage, life and family, *"From this day forward, Marriage Preparation Program for engaged couples*, 2022–2023"[http://microsites.diocesemontreal.org/microsites/from-this-day-forward/] (Consulté le 25 octobre 2021).
[52] P1, n° 68.
[53] Bernadette et Bernard Chovelon, *L'aventure du mariage chrétien, Guide pratique et spirituel,* Paris, Les éditions du Cerf, 2002, p. 48.

1.4   Une pratique dans cinq contextes spécifiques

Notre recherche nous amène à situer la pratique dans différents contextes au sein desquels elle prend place : le contexte religieux, le contexte culturel et social, le contexte institutionnel catholique, le contexte d'accompagnement en situation de première annonce de la foi et le contexte de pandémie. Nous avons eu accès aux services du Centre diocésain et à la consultation des archives. Le personnel a répondu à mes questions et m'a accompagné dans le cadre de cette étude.

1.4.1   Le contexte religieux

L'environnement religieux contemporain exerce des influences certaines sur la pratique de la préparation au mariage. Le nombre de mariages religieux est en chute libre. Selon les données extraites d'un document de l'Institut de la Statistique du Québec, il y a eu 47 545 mariages célébrés en 1969. De ce nombre, on constatait 46 519 mariages religieux pour un taux de 97,8 %, et 1026 unions civiles pour un taux de 2,2 %. En 2020, on passait à 3 426 mariages religieux pour un taux de 31,4 %, contre 7 478 unions civiles pour un taux de 68,6 %[54]. La question s'est déjà posée quant aux noms des municipalités du Québec, à forte teneur religieuse[55]. Il s'agit d'une forme de sécularisation qui découle de la posture suivante partagée par certains groupes et personnes : « Le Québec est apparemment sorti de la religion »[56]. Donc, les signes religieux ont moins d'importance pour plusieurs personnes par rapport à la fragilisation grandissante de l'Église et de ses capacités à interpeller, rassembler et former des chrétiens ; la fragilisation de l'institution du mariage elle-même dans un contexte socioculturel en profonde mutation en Occident, de la fragmentation du rapport au religieux, de la difficulté de l'engagement des jeunes générations.

---

[54] Statistique Canada, « Recensement 1996-2001 » [https://www12.statcan.gc.ca/census-recensement/index-fra.cfm] (consulté le 20 juillet 2022).

[55] Jean Hétu, « Libre opinion — Les municipalités ne savent plus à quel saint se vouer », édition numérique du 14 novembre 2013[http://www.ledevoir.com/politique/quebec/392633/les-municipalites-ne-savent-plus-a-quel-saint-se-vouer] (consulté le 3 septembre 2022).

[56] *Id., « Libre opinion… ».*

1.4.2 Le contexte culturel et social

L'environnement culturel et social transforme aussi la conception de ce qu'est une union entre deux personnes. La sécularisation décourage certains couples à considérer la formation au mariage catholique. On constate que l'enchantement de la cérémonie nuptiale, la robe, le décor associé à la cérémonie, le choix du lieu et de l'ambiance, demeurent importants pour plusieurs, même en situation de mariage civil. Selon Réal Houde, « On morcelle ainsi le cérémonial religieux traditionnel pour n'en prendre qu'une partie, celle qui fait leur affaire »[57]. Dans cette même optique, Martine Tremblay a étudié le contexte culturel et social du mariage pour la région de Saint-Jean-Sur-Richelieu, à la fin des années 1990. Voici un aperçu de ses travaux :

> Au Québec, jusqu'à la fin des années 1960, l'Église détient seule le pouvoir de légitimer la formation du couple. Mais depuis 1968, l'État définit les règles de la formation et de la dissolution de l'union civile. Malgré le déclin accéléré de la pratique religieuse et le recul du mariage, la cérémonie du mariage est encore célébrée, à la fin du 20e siècle, dans l'éclat des toilettes, des décorations et de la musique, sous la lumière des appareils photo et vidéos. Pourquoi des jeunes qui ont abandonné la pratique religieuse adhèrent-ils à un rituel du mariage religieux et fastueux[58] ?

En fin de compte, par rapport à certains changements radicaux qui sont liés aux contextes culturel et social, le mode d'accompagnement au mariage religieux au Québec mérite d'être revisité avec soin afin que le sacrement du mariage puisse demeurer ce qu'il est dans l'Église catholique.

1.4.3 Le contexte institutionnel catholique

Compte tenu de ses exigences, l'environnement institutionnel catholique a aussi des influences sur la manière d'envisager la préparation au mariage. Avant 1968, le mariage avait pour fonction principale la procréation dans le cadre légal de l'Église catholique et du pouvoir civil québécois [59]. Une finalité qui allait être plus tard modifiée pour tenir

---

[57] Réal Houde, *op. cit.*, p. 276.

[58] Martine Tremblay, « Cérémonies de mariage dans la vallée du Haut-Richelieu au XXe siècle : le faste et le sacré », dans SCHEC, *Études d'histoire religieuse*, 67 (2001), p. 94.

[59] Réal Houde, « L'effritement de la pratique du mariage catholique comme exemple des mutations socioreligieuses chez les francophones du Québec. Analyse des transformations de leur habitus socioreligieux de 1640 jusqu'au début du troisième millénaire », thèse présentée au Centre d'études du religieux

compte de l'égalité entre les époux. S'agissait-il d'un changement profond dans les façons de croire ? D'ailleurs, il est convenu que la révolution des années 1960 a été « tranquille » du fait de la collaboration de l'Église catholique aux changements réalisés. Dans cette optique, Louis Bonnet affirme :

> La doctrine de la hiérarchie des fins du mariage et de ses conséquences sur l'essence du mariage et sur la conception juridique de la communauté de vie conjugale paraissait tellement immuable, non seulement par la place officielle que lui donnait le Code de 1917, mais aussi par des interventions postérieures du Magistère, qu'on peut se demander comment le Concile a pu en provoquer l'éclatement. L'Église se déjugeait-elle ? Certainement pas, mais elle remettait au jour des richesses cachées de sa doctrine, à la manière du scribe de l'Évangile « semblable à un maître de maison qui tire de son trésor du neuf comme du vieux » (Mt 13, 52)[60].

Par-là, la fraction de la société force l'institution catholique à cheminer vers un nouvel humanisme. Un nouvel humanisme qui nourrit son développement au contact des autres formes d'humanisme, qu'elles soient religieuses ou non. C'est dans cette optique que le sociologue Jacques Grand' Maison aborde ce défi dans une conception du christianisme : « Non plus comme la référence suprême de la condition humaine, mais comme une médiation parmi d'autres, laïques ou religieuses. Qui dit médiation, dit posture du tiers, avec une foi en un Dieu qui se veut un tiers libérateur dans nos rapports humains. De son Royaume transcendant, nous ne connaissons que son immanence humaine »[61].

À cette dimension, l'Église catholique est inéluctablement contrainte de s'ouvrir à la différence dans une culture où beaucoup encouragent la fermeture à la transcendance. Le

---

contemporain comme exigence partielle du programme de doctorat en études du religieux contemporain pour l'obtention du grade de philosophie doctor (PhD.) Centre d'études du religieux contemporain, Université de Sherbrooke, 2018.

Notons l''évolution de la vision du mariage à partir du droit canon de 1917 et du droit canon de 1983 : Can. 1055 - § 1. L'alliance matrimoniale, par laquelle un homme et une femme constituent entre eux une communauté de toute la vie, ordonné par son caractère naturel au bien des conjoints ainsi qu'à la génération et à l'éducation des enfants, a été élevée entre baptisés par le Christ Seigneur à la dignité de sacrement. § 2. C'est pourquoi, entre baptisés, il ne peut exister de contrat matrimonial valide qui ne soit, par le fait même, un sacrement.

[60] Louis Bonnet, *La communauté de vie conjugale au regard des lois de l'Église catholique. Les étapes d'une évolution*. Du Code de 1917 au concile Vatican II et au Code de 1983. Paris, Les Éditions du Cerf, 2004, p. 11.

[61] Jacques Grand'Maison, *Pour un nouvel humanisme*, Montréal, Fides, 2007, p. 165.

pape François met à nu les fondements d'un tel humanisme exclusif, fermé et invite l'Église à prendre place dans les débats publics:

> Parmi les causes les plus importantes de la crise du monde moderne se trouvent une conscience humaine anesthésiée et l'éloignement des valeurs religieuses, ainsi que la prépondérance de l'individualisme et des philosophies matérialistes qui divinisent l'homme et mettent les valeurs mondaines et matérielles à la place des principes suprêmes et transcendants. Il est inadmissible que, dans le débat public, seuls les puissants et les hommes ou femmes de science aient droit à la parole. Il doit y avoir de la place pour la réflexion qui procède d'un arrière-plan religieux, recueillant des siècles d'expérience et de sagesse[62].

C'est dans ce contexte complexe de l'environnement socio-religieux contemporain qui exige un ajustement permanent de l'accompagnement au mariage que le Centre diocésain de Montréal fait la formation des futurs mariés.

1.4.4 Couples en situation de première annonce de la foi

L'expression « première annonce » apparaît pour la première fois avec Paul VI dans l'exhortation apostolique *Evangelii Nuntiandi* et est reprise par Jean-Paul II dans *Catechesi Tradendae*. Au fait, le mandat missionnaire du Seigneur comprend l'appel à la croissance de la foi quand il indique : « Leur apprenant à observer tout ce que je vous ai prescrit »[63]. Ainsi apparaît clairement que la première annonce doit donner lieu aussi à un chemin de formation et de maturation. L'évangélisation cherche aussi la croissance, ce qui implique de prendre très au sérieux chaque personne et le projet que le Seigneur a pour elle. Chaque être humain a toujours plus besoin du Christ, et l'évangélisation ne devrait pas accepter que quelqu'un se contente de peu, mais qu'il puisse dire pleinement : « Ce n'est plus moi qui vis, mais le Christ qui vit en moi »[64].

Selon Jocelyn Girard : « La première annonce c'est le premier moment d'une séquence qui consiste : à évangéliser pour favoriser la conversion, à initier en catéchisant, à vivre en approfondissant la foi et l'éthique chrétienne »[65]. La première annonce embrasse ce qui,

---

[62] Pape François, *Lettre encyclique Fratelli tutti*, Assise, 3 octobre 2020, n° 275.
[63] Mt 28, 20
[64] Ga 2, 20
[65] Jocelyn Girard, « Première annonce et catéchèse dans les langues de chez nous », *Revue Lumen Vitae* 2011/4 (Volume LXVI), p. 431 - 441.

dans le témoignage de tout chrétien, favorise les premiers pas dans la foi chez ceux qui « en sont éloignés ». En un mot, la première annonce concerne le témoignage et une parole : l'annonce kérygmatique. « En proposant aux candidats la démarche de foi qui les conduira éventuellement à la célébration des sacrements de la foi, la démarche catéchuménale entend leur faire vivre une expérience de foi, plutôt que d'offrir au départ une série de cours sur la foi chrétienne professée dans l'Église catholique »[66] ! Dans cette même lignée, le Directoire pour la catéchèse stipule que : « Révéler Jésus-Christ et son Évangile à ceux qui ne les connaissent pas, tel est, depuis le matin de la Pentecôte, le programme fondamental que l'Église a assumé comme reçu de son fondateur »[67].

Le projet de l'Église sur le mariage et sur la famille concerne l'homme et la femme dans la réalité concrète de leur vie quotidienne, leur contexte social et culturel. C'est pourquoi les formateurs du Centre diocésain de Montréal, pour mieux accompagner les couples, cherchent à connaître les situations au milieu desquelles le mariage et la famille se réalisent aujourd'hui. Sur ce, Pierre-Yves Boily affirme : « Quand les formateurs invitent les couples à la préparation au mariage, ils doivent leur demander leurs besoins et leur proposer un programme. N'oubliez pas que le programme est important, mais les personnes sont encore plus importantes, parce que vous êtes à leur service »[68]. Le Pape Jean Paul II comprenait bien cet enjeu, quand il recommandait aux formateurs d'être cléments à l'écoute de ceux qu'ils accompagnent au mariage aujourd'hui : « L'Église peut être amenée à une compréhension plus profonde de l'inépuisable mystère du mariage et de la famille, même à partir des situations, des questions, des angoisses et des espoirs des jeunes, des époux et des parents d'aujourd'hui »[69].

Déjà, en 1981, dans son exhortation apostolique *Familiaris Consortio*, le Pape Jean Paul II engageait l'Église à veiller sur la foi des couples pour les conduire à la vérité. Il stipule :

---

[66] Catéchèse de Montréal, « Fiche d'accompagnement n⁰ 8 », *l'accompagnement des adultes en démarche catéchuménale, quelques points de repère, Voies d'avenir en pastorale catéchuménale des adultes*, Montréal, Desclée/Mame, 2013, p.3.

[67] *Conseil Pontifical pour la Promotion de la Nouvelle Évangélisation, Directoire pour la catéchèse*, Paris, Bayard Mame, Cerf, 2020, n° 67.

[68] Cf. Pierre-Yves Boily, Office de pastorale familiale du diocèse Québec, *Nouveaux services dans la paroisse, préparation du mariage*, Ottawa, Novalis, 1981, p. 8.

[69] Pape Jean Paul II, *Exhortation apostolique Familiaris Consortio, sur les taches de la famille chrétienne dans le monde d'aujourd'hui*, Rome, Vatican, 1981, n° 4.

> Il n'est pas rare qu'aux hommes et aux femmes d'aujourd'hui qui cherchent
> sincèrement et sérieusement une réponse aux problèmes quotidiens et graves
> de leur vie matrimoniale et familiale, soient offertes des visions et des
> propositions peut-être séduisantes, mais qui compromettent plus ou moins la
> vérité et la dignité de la personne humaine. Cette offre est souvent soutenue
> par l'organisation puissante et partout diffuse des moyens de communication
> sociale qui mettent subtilement en péril la liberté et la capacité de juger en
> toute objectivité. L'Église, avec son discernement évangélique, s'unit à eux,
> apportant son propre concours au service de la vérité, de la liberté et de la
> dignité de tout homme et de toute femme[70].

Tout cela invite les jeunes qui sont en situation de première annonce de la foi, avant de s'engager, à réfléchir à ce que « se marier dans l'Église » signifie. Les formateurs sont là pour les éclairer dans cette démarche de foi, dans une société ballottée par des philosophies contraires au sacrement du mariage aujourd'hui. À propos de la formation des futurs époux, le père Alain Quilici affirme : « Les fiancés peuvent puiser des éléments intéressants dans des livres de psychologie et de sociologie. Mais les fiancés chrétiens doivent aussi et surtout puiser à la source de la Révélation. Ainsi, ils ne se tromperont pas de chemin. De même, doivent-ils s'appuyer sur le roc pour bâtir une maison solide. Et c'est ce à quoi invite le Seigneur Jésus »[71]. L'invitation du père Alain Quilici est un vibrant appel fait aux couples en situation de première annonce de la foi. Ils doivent se questionner sur la place qu'ils donnent à Dieu dans cette nouvelle famille qu'ils se préparent à construire ensemble.

Aussi dans la même perspective de la première annonce, le Pape François, à l'introduction de son exhortation post-synodale *Amoris Laetitia, l'amour dans la famille*, nous invite à préserver la richesse de l'annonce chrétienne et la solidarité de la famille. Il stipule : « La joie de l'amour qui est vécue dans les familles est aussi la joie de l'Église. Comme l'ont indiqué les Pères synodaux, malgré les nombreux signes de crise du mariage, le désir de famille reste vif, spécialement chez les jeunes, et motive l'Église. Comme réponse à cette aspiration, l'annonce chrétienne qui concerne la famille est vraiment une bonne nouvelle »[72]. Le Pape François dit au chapitre trois de *Amoris Laetitia* que l'annonce de la

---

[70] Pierre-Yves Boily., « Nouveaux services dans la paroisse ... », p. 26.

[71] Père Alain Quilici, *Le temps des fiançailles,* Notre-Dame des-Champs, Éditions Salvator, 2013, pp. 8-9.

[72] Pape François, *Exhortation Post-synodale Amoris Laetitia,* Donné à Rome, près de Saint-Pierre, à l'occasion du Jubilé extraordinaire de la Miséricorde, le 19 mars, Solennité de saint Joseph, de l'an 2016, n⁰ 1.

Bonne Nouvelle est *la vocation de la famille* : « Face aux familles et au milieu d'elles, doit toujours et encore résonner la première annonce, qui constitue ce qui est plus beau, plus grand, plus attirant et en même temps plus nécessaire et qui doit être au centre de l'activité évangélisatrice »[73]. Aussi, le Directoire pour la catéchèse s'engage dans la promotion de la Nouvelle Évangélisation introduite par le Pape Jean-Paul II au cours d'un voyage apostolique en Pologne, en 1979. Le Pape Benoît XVI en 2010 a créé le conseil pontifical de la Nouvelle Évangélisation.

Le chapitre II du directoire parle de « l'identité de la catéchèse » en rapport avec l'évangélisation comme première annonce de la foi où l'Église proclame l'Évangile et suscite la conversion. Il affirme en ces termes : « Révéler Jésus-Christ et son Évangile à ceux qui ne les connaissent pas, tel est, depuis le matin de la Pentecôte, le programme fondamental que l'Église a assumé comme reçu de son fondateur »[74]. Plus loin, le directoire met aussi à contribution les grands-parents pour la transmission de la foi. Il précise : « Avec les parents, les grands-parents surtout dans certaines cultures jouent un rôle particulier dans la transmission de la foi auprès des jeunes. Les écritures, elles aussi, parlent de la foi des grands-parents [..] »[75]. De plus, le Directoire parle du rôle fondamental des femmes dans le service catéchétique de l'Église. Il affirme : « Les femmes jouent un rôle précieux dans les familles et les communautés chrétiennes au fond de leurs services en tant qu'épouses, mères, catéchistes, et agents pastoraux »[76].

Aujourd'hui, l'équipe qui s'occupe de l'éducation à la foi des couples au Centre diocésain de Montréal est composée de 90 % de femmes. Par ailleurs, au chapitre VIII qui parle de « la catéchèse dans la vie des personnes », le Directoire met l'accent sur la catéchèse de la famille. Il conclut que « la famille annonce l'Église. En tant qu'Église domestique, fondée sur le sacrement du mariage qui a également une dimension missionnaire, la famille

---

[73] *Id.*, « Amoris Laetitia… », n⁰ 58.
[74] [s.a.] *Conseil Pontifical pour la Promotion de la Nouvelle Évangélisation, Directoire pour la catéchèse*, Paris, Bayard/Mame,/Cerf, 2020, n⁰ 67.
[75] *Ibid.,* n⁰ 126.
[76] *Ibid.,* n⁰ 127.

chrétienne participe à la mission évangélisatrice de l'Église et est donc sujet de la catéchèse »[77].

Toujours dans la perspective de l'éducation de la foi, le Pape François débute son exhortation apostolique *Evangelii Gaudium* ou *la joie de l'Évangile* par ces mots : « La joie de l'Évangile remplit le cœur et toute la vie de ceux qui rencontrent Jésus. Ceux qui se laissent sauver par lui sont libérés du péché, de la tristesse, du vide intérieur, de l'isolement. Avec Jésus Christ la joie naît et renaît toujours »[78].

Au chapitre III de *Evangelii Gaudium* qui est explicitement consacré à « l'annonce de l'Évangile », le Pape se rapporte à l'authenticité et l'irréversibilité de l'évangélisation. Il stipule : « Il ne peut y avoir de véritable évangélisation sans annonce explicite que Jésus est le Seigneur et sans qu'il n'existe un primat de l'annonce de Jésus Christ dans toute activité d'évangélisation »[79].

Dans cette même perspective, le document sur *La catéchèse de Montréal, Voies d'avenir en pastorale catéchuménale des adultes (No 8)*, qui est destiné au rituel de l'initiation chrétienne pour les adultes (RICA), nous lisons ceci : « La première annonce embrasse, ce qui, dans le témoignage de tout chrétien, favorise les premiers pas dans la foi chez ceux qui y sont éloignés »[80]. À Montréal, les couples qui sont en situation de première annonce doivent recevoir le sacrement de la confirmation avant la célébration de leur mariage. Toutefois, les restrictions liées à la COVID-19 n'ont pas joué en leur faveur, en raison que dans l'Église catholique latine, seulement un évêque peut administrer le sacrement de confirmation : « Dans le rite latin, le ministre ordinaire de la confirmation est l'évêque, qui, pour des motifs sérieux, peut en concéder la faculté à des prêtres »[81]. Or, avec la COVID-19, aucun évêque de Montréal ne voulait prendre le risque d'aller célébrer le sacrement de

---

[77] *Ibid., n° 231.*
[78] Pape François, *Exhortation apostolique sur l'annonce de l'évangile dans le monde d'aujourd'hui,* Donné à Rome, près de Saint-Pierre, à la conclusion de l'Année de la foi, le 24 novembre 2013, n° 1.
[79] *Idem.* n° 11o.
[80] Catéchèse de Montréal, « Fiche d'accompagnement n° 8 », *l'accompagnement des adultes en démarche catéchuménale, quelques points de repère, Voies d'avenir en pastorale catéchuménale des adultes,* Montréal, Desclée/Mame, 2013, p. 3.
[81] *Catéchisme de l'Église Catholique,* Toronto, Doubleday, 1995, n° 1313.

confirmation dans les paroisses. Ainsi, la COVID -19 assombrit sérieusement l'accompagnement des couples qui sont en situation de première annonce de la foi et le ministère des prêtres en paroisse.

À côté des difficultés évoquées ci-dessus, *l'Office de pastorale familiale du diocèse de Québec*[82] décrit une liste des enjeux possibles qui se posent dans la formation des couples en situation de première annonce de la foi : rejoindre les fiancés dans leur vraie situation ; être sans cesse remis en question par le groupe ; des fonctions dans le groupe des animateurs ; se réadapter à un nouveau groupe, ne percevoir que très peu les fruits de notre travail ; tenter de répondre à toutes les attentes des fiancés ; proposer un idéal sans être soi-même parfait ; résister à la tentation de donner des conseils ; rencontrer les exigences d'un service de qualité, manquer de temps pour faire tout ce qui était prévu ; s'épuiser à la préparation avant même d'avoir commencé le groupe ; attendre que les fiancés se décident à parler.

1.4.5 Le contexte de pandémie

Cette recherche se fait dans un contexte de pandémie de la COVID-19, survenue soudainement en mars 2020, qui a bousculé complètement le programme de formation, tel qu'évoqué dans l'introduction. Un contexte inattendu où les familles sont touchées par la maladie ou le deuil, par les conséquences économiques, par les mesures de confinement et de limitation dans tous les domaines de la vie publique. C'est aussi dans un contexte difficile obligeant les formateurs à faire la préparation au mariage entièrement en ligne. C'est un moment difficile où les couples d'autres pays après avoir bouclé le cycle de formation ne peuvent pas venir se marier à Montréal à cause des restrictions aux voyages liées à la COVID-19. Le nombre des invités est limité, les couples comme les invités ne peuvent plus s'embrasser ou se prendre en photo comme avant. Ces restrictions ont engendré bien des conflits conjugaux pendant la COVID-19, de nombreux couples ont

---

[82] Pierre-Yves Boily, Office de pastorale familiale diocèse de Québec, *Nouveaux services dans la paroisse, préparation du mariage,* Ottawa, Novalis, 1981, p. 12.

arrêté le processus de préparation au mariage. Finalement, c'est dans un contexte d'incertitude où beaucoup de mariages sont reportés à une date ultérieure.

Notre travail de chercheur serait incomplet si nous n'y avions pas inséré l'approche sociologique. Le regard sociologique sur la pandémie nous permet de relever que les couples sont profondément touchés affectivement et pour nombreux d'entre eux, leur relation se trouvait en danger, tel que relaté par la sociologue Maud Navarre, dans son article « *Un nouveau rapport à l'intimité* ».

1.4.5.1 Apport des sciences humaines

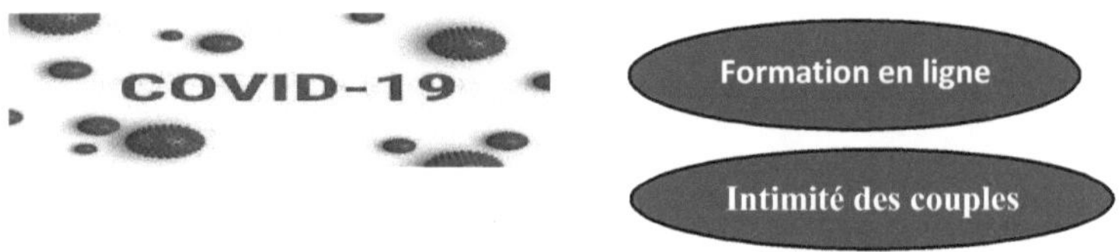

Figure 2: Maud Navarre, un nouveau rapport à l'intimité

Maud Navarre est docteure en sociologie de l'Université de Bourgogne–Franche-Comté. Sa thèse, parue aux Presses universitaires de Rennes en 2015, porte sur les carrières politiques des femmes. Elle a publié beaucoup d'articles scientifiques dans des revues des sciences humaines. La profondeur de sa réflexion est essentielle à notre recherche parce qu'elle nous permet d'avoir une compréhension sociologique sur l'évolution du vivre ensemble des couples dans la société et la manière avec laquelle ils ont exprimé leur émotion en plein temps de confinement mondial. Dans son article « *Un nouveau rapport à l'intimité* », Maud Navarre nous présente deux points clés : 1) les tensions de proximité ; 2) péril sur la Saint-Valentin (baiser et pandémie). Dans les lignes qui suivent, nous allons montrer comment les constats de l'auteure sont liés à notre pratique.

1.4.5.2 Les tensions de proximité

Une fois la pandémie arrivée en 2020, la distanciation physique s'impose automatiquement et est devenue une réalité mondiale pour protéger la vie. En s'éloignant les uns des autres, les relations physiques des couples, celles avec les proches et la famille, en ont été affectées et exposées à d'énormes tensions. En lien à ce dilemme occasionné par la COVID, la sociologue Maud Navarre rapporte :

> 30 % des couples jugent que le premier confinement les a rapprochés de leur conjoint ; seulement 10 % déclarent qu'il les a éloignés. Pour autant, les déclarations de violences conjugales ont aussi augmenté (+ 30 % pendant le premier confinement). 27 % des couples déclarent avoir eu envie de se séparer pendant le premier confinement, mais il s'agissait le plus souvent soit de situations déjà tendues qui n'ont été qu'accentuées sous l'effet de la cohabitation forcée, soit de perturbations temporaires régulées au fil des jours[83].

Malheureusement, certains couples qui ont pris ces voies de dissidence se sont trouvés dépassés par les répercussions de la COVID. Leur relation est malmenée au point que l'un sent qu'il représente un danger pour l'autre. Un phénomène que Anne Muxel a bien décrit dans son article *« Ce que le Covid fait à notre intimité ».* Elle affirme : « Se sentir porteur malgré soi d'un risque pour l'autre, comme une sorte de bombe à retardement. Cela a déplacé l'image que l'on peut avoir de soi. Se percevoir comme un danger entame la relation qu'on a à soi, mais aussi la relation qu'on a aux autres »[84]. Ainsi, la sociologue Anne Muxel éclaire notre compréhension par rapport aux conséquences des mesures de distanciation sociale sur les relations familiales, amoureuses ou encore professionnelles comme un chamboulement démesuré. Selon elle, l'intimité est comme troublée par le virtuel et a créé de la frustration chez les couples. Pour elle, se voir en virtuel limite et fragilise les couples : « D'un point de vue neurosensoriel et cognitif, on connaît l'importance du contact direct dans les émotions qu'il peut exprimer ce qui est beaucoup moins évident par les voies numériques ou virtuelles. S'il n'y a plus ce toucher, on observe une frustration quant au ressenti de l'expression de ce lien, ainsi qu'une défiance qui s'installe. Car le toucher, c'est aussi un signe de confiance »[85]. C'est aussi le même constat que le Centre diocésain de Montréal a fait lorsqu'il décida de passer à la formation des couples en ligne.

---

[83] Maud Navarre, *Un nouveau rapport à l'intimité,* dans Sciences Humaines 2022/2 (N° 344), p. 44-45.
[84] Anne Muxel, Propos recueillis par Salomé Tissolong, *Ce que le COVID-19 fait à notre intimité*, dans Les Grands Dossiers des Sciences Humaines 2021/12 (N° 65), p.52-55.
[85] *Id.,* « Ce que le COVID-19… », p. 52-55.

Selon les formateurs des couples au mariage catholique à Montréal : « Les couples sont nombreux pour ne pas dire beaucoup, de plus en plus de couples se rencontrent maintenant en ligne. Et ils ne vivent pas dans le même pays. Certains vivent dans leur propre ville. Cela a causé quelques problèmes et nous avons eu plus de couples vivant maintenant dans des endroits différents. Leur offrir une option en ligne ou juste avoir leur webcam, et laissez les participer là où ils se trouvent »[86]. Dans cette même lignée, une formatrice du Centre diocésain croit que la rencontre en ligne est insuffisante pour les fiancés vivants dans deux pays différents. Pour elle, instaurer la distance sociale entre les couples a été plus difficile pendant la COVID. De manière rationnelle, elle se demande si certains liens ne sont pas inébranlables, en dépit des restrictions gouvernementales?

Ne pas vivre dans le même pays ne signifie pas que tous les couples qui suivent la formation en ligne n'avaient pas les documents légaux pour se visiter l'un l'autre, mais ils étaient plutôt tous restreints dans leurs déplacements pendant la COVID afin de respecter les normes établies par le gouvernement de leur pays. Et c'est à ce niveau que l'affectivité des couples était touchée. Les propos de la sociologue Anne Muxel autour de ce malentendu occasionné par le confinement interpellent tout notre être. Elle qualifie les normes engendrées par la pandémie de défiance de l'ère : « Cette défiance, qui s'est instillée dans nos comportements privés, s'est aussi installée dans nos comportements sociaux, et peut constituer une menace pour nos sociétés. La pandémie a en effet vu fleurir et s'installer toute une technologie de traçage et des systèmes de surveillance qui peuvent mettre en péril les libertés fondamentales et démocratiques »[87].

Pour reprendre les dires de la sociologue Anne Muxel : « La COVID a aussi un impact sur le plan privé et intime : comment aller vers l'autre, comment rester ouvert aux rencontres ? La distanciation, l'isolement imposé et la sidération que l'on a pu ressentir dans les

---

[86] P1, n° 93.

[87] Anne Muxel, Propos recueillis par Salomé Tissolong, *Ce que le COVID-19 fait à notre intimité*, dans Les Grands Dossiers des Sciences Humaines 2021/12 (N° 65), pages 52- 55.

premiers temps ont forcément créé un repli sur soi, laissant peu de place à la prise de risque et à l'imprévu, qui conditionnent pourtant les nouvelles rencontres »[88].

Une telle approche est aussi partagée par ceux qui font l'accompagnement des couples en ligne dans l'archidiocèse de Montréal. Lors de l'entrevue, une formatrice avance ces mots : « Alors j'aime bien l'approche hybride qui s'installe dans la formation. Il est pratique de rester à la maison, mais aussi de se réunir pour ces genres de choses est plus essentiel »[89]. En un mot, cette accompagnatrice avait hâte de voir tomber les restrictions, qui leur permettront de reprendre la formation des couples en présentiel.

1.4.5.3 Refroidissement de l'intimité

La Saint-Valentin qui traditionnellement réunit les couples, les amoureux est affectée. Depuis la COVID, cette festivité est malmenée par des restrictions liées à la pandémie. Pour décrire cet enjeu, Maud Navarre a emprunté le mot « *refroidissement des relations intimes* » chez Anne Muxel. Selon elle, « ce refroidissement des relations intimes est perceptible à d'autres égards : moins d'un couple sur deux a fêté la Saint-Valentin en février 2021 contre 60 % des couples en février 2020 juste avant le premier confinement. Ce sont surtout les milieux urbains et les catégories sociales supérieures qui l'ont boycottée tandis que les jeunes ont mieux résisté, sans doute par envie de faire la fête »[90].

Plus loin, Maude Navarre décrit une autre facette du refroidissement de la vie intime dont le baiser durant la Saint Valentin. Selon la sociologue, « Le baiser entre amoureux s'est lui aussi raréfié. Les témoignages affluent d'amoureux expliquant avoir suspendu cette marque d'amour par excellence, à cause de la menace de contamination. Ce mouvement a affecté les jeunes couples en cours de formation, mais aussi les couples bien installés »[91]. C'est un geste très significatif que les époux font à la suite du consentement de mariage à l'église. Dans *Ce qu'embrasser veut dire*[92], Jean-Claude Kaufmann constate comme Maud

---

[88] Anne Muxel, Propos recueillis par Salomé Tissolong, *Ce que le COVID-19 fait à notre intimité*, dans Les grands dossiers des Sciences Humaines 2021/12 (N° 65), p. 52-55.
[89] P2, n° 97.
[90] Maud Navarre, *Un nouveau rapport à l'intimité,* dans Sciences Humaines 2022/2 (N° 344), pages 44 à 45.
[91] *Id.,* « Un nouveau rapport... », p. 44-45.
[92] Jean-Claude Kaufmann, *Ce qu'embrasser veut dire : raison, sexe et sentiments*, Canada, Éd. Payot, 2021.

Navarre que le baiser se fait plus rare ces derniers temps. Alors que pendant la pandémie tout couple est obligé de porter des masques pour une question sanitaire. Cette nouvelle réalité liée à la COVID ne fait qu'interroger les couples intérieurement à quoi leur fête de mariage ressemblera-t-elle ?

Conclusion du premier chapitre

Dans ce premier chapitre, nous avons décrit le terrain d'intervention, donné un aperçu du profil économique de Montréal et abordé le déclin du mariage au Québec au cours des dernières décennies. En deuxième lieu, nous avons décrit la pratique de la formation au mariage en ligne telle qu'elle s'est développée de 2020 à 2022 à l'archidiocèse de Montréal. Nous avons expliqué brièvement les objectifs de la formation et nous avons précisé les modalités qui ont permis d'offrir la formation par vidéoconférence. En troisième lieu, nous avons présenté les huit thématiques de la préparation des couples et les responsabilités qui les attendent dans le mariage. Nous avons évoqué l'importance d'une communication effective dans la relation des couples qui se préparent au mariage. Bernadette et Bernard Chovelon insistent sur le fait que la prière solidifie les liens et aide les couples à greffer leur expérience d'amour sur celle de Jésus, Marie et Joseph. Le Père Alain Quilici, spécialiste en spiritualité du mariage, nous a amené à étudier la question de la régulation de naissance, le rôle des parents et l'intendance. En dernier lieu, nous avons revisité le sacrement du mariage comme engagement des époux avec Michel Evdokimov, les différents contextes liés à la formation au mariage et les changements qui ont dû être apportés en passant d'une formation présentielle à une formation virtuelle en temps de pandémie.

Ces différentes considérations ainsi que les références aux recommandations du magistère de l'Église forment l'ossature du programme de préparation au mariage tel que présenté par le Centre diocésain de l'archidiocèse de Montréal. La pandémie de la COVID-19 a obligé l'équipe de formation à trouver de nouvelles stratégies pour continuer sa mission auprès des couples.

CHAPITRE II : MÉTHODOLOGIE, COLLECTE DE DONNÉES ET ANALYSE

Ce deuxième chapitre concerne la méthodologie, la collecte de données et leur analyse. Il est divisé en cinq parties comme suit. La méthodologie elle-même est décrite en deux temps : d'abord la métaméthode utilisée en théologie pratique et ensuite diverses méthodes utilisées en sciences sociales pour étudier les phénomènes qualitatifs. La troisième partie présente la mise en œuvre de la méthode choisie, c'est-à-dire la théorisation ancrée, et les procédures pour la collecte de données et leur analyse. La quatrième partie présente les résultats de la collecte de données. La cinquième partie est l'analyse de ces données.

2.1 Métaméthode en théologie pratique

Ce travail de recherche est basé sur la méthode généralement utilisée en théologie pratique. Elle est communément appelée métaméthode puisque qu'elle se déroule en trois moments faisant appel à différentes méthodes complémentaires. Les trois moments de la métaméthode sont les suivants :

a) l'analyse fine d'une pratique qui pose question ou problème[93]

b) l'élaboration d'un discours théologique à partir de l'analyse de la pratique et avec l'apport d'autres sciences humaines

c) le réinvestissement de la pratique.

Le premier moment qui a déjà été amorcé au chapitre précédent inclut une description détaillée de la pratique, dans ce cas-ci la préparation au mariage dans une situation de pandémie. De plus, ce premier moment fait appel aux sciences sociales afin d'observer la pratique par une cueillette de données et leur analyse qui font l'objet principal de ce deuxième chapitre. Cette analyse fine de la pratique nous amènera à l'observation critique et scientifique de la pratique et plus spécifiquement d'une de ses dimensions qui demande à être mieux cernée ou encore qui pose un problème.

---

[93] Jean-Guy Nadeau, « Les fonctions révélantes des pratiques pastorales », dans Bernard Reymond et Jean-Michel Sordet (dir), *La théologie pratique : statut, méthodes, perspectives d'avenir*, Coll. Le point théologique, no 53, Paris, Beauchesne, 1993, p. 105.

Le deuxième moment consiste à élaborer un nouveau discours théologique grâce à un dialogue entre les données analysées dans le premier moment et les fondements de la foi chrétienne, c'est-à-dire la Bible et la Tradition de l'Église. Il peut aussi y avoir des apports d'autres sciences sociales comme la psychologie et l'anthropologie. Le discours permet de mieux situer la pratique dans la vie de l'Église comme réalisation communautaire porteuse du témoignage de l'Évangile[94].

Le troisième moment est le réinvestissement de la pratique. Il s'agit de considérer l'apport futur de la pratique pour l'Église, des ajustements nécessaires et sa diffusion dans d'autres contextes. Ces deux derniers moments de la métaméthode sont examinés en détail au troisième chapitre. La section suivante explore les méthodes en sciences sociales qui peuvent servir à mieux comprendre la pratique de la préparation du mariage en ligne en situation de pandémie.

2.2 Méthodes en sciences sociales

Il existe plusieurs méthodes de collecte de données dans le domaine des sciences sociales. Mucchielli et ses collaborateurs en décrivent plusieurs dizaines dans leur dictionnaire[95]. Un aspect important consiste à collecter des données qui correspondent au vécu de la pratique et qui présentent une certaine pertinence pour les personnes concernées. C'est un point fondamental de la méthode de la théorisation ancrée. Un des fondateurs de cette méthode, Barney Glaser, insiste d'ailleurs sur une bonne collecte de données qui serviront à établir les fondements conceptuels dans la description d'un phénomène. Il écrit en 2016 (50 ans après les premiers développements de la théorisation ancrée) : « To gain fit and relevance the concepts had to be based on data in the field and be relevant to the participants »[96].

Avec son collègue Anselm Strauss, Glaser avait étudié des personnes en fin de vie durant les années 1960 dans différentes circonstances (néonatalité, pédiatrie, oncologie, gériatrie). Pour développer une théorie sur les attitudes des mourants et de leurs proches durant le

---

[94] Marc Donzé, « La théologie pratique : entre corrélation et prophétie », dans *Pratique et théologie,* Genève, Labor et fides, 1989, p. 188.

[95] Alex Mucchieli, dir. *Dictionnaire des méthodes qualitatives en sciences humaines et sociales* (Paris : Armand Colin, 1996).

[96] Barney G. Glaser, « The Grounded Theory Perspective: Its Origins and Growth », *Grounded Theory Review* (2016) 15/1: 4-9.

passage de la vie à la mort et aussi sur les soins qui étaient prodigués en fin de vie, Glaser et Strauss ont constaté de grandes différences selon le niveau de conscience face à la mort imminente. Ces chercheurs avaient aussi observé l'importance de se baser sur ce que disaient les mourants et/ou leurs proches afin de comprendre différentes attitudes face à la mort. Cette expérience les a amenés à publier en 1967 la méthode de collecte de données et leur analyse dans un livre fondateur sur la théorisation ancrée, « The Discovery of Grounded Theory »[97].

La chercheuse québécoise en sciences infirmière Émilie Allard et ses collègues ont nuancé la théorisation ancrée en trois approches différentes : positiviste, constructiviste et pragmatiste[98]. L'approche positiviste vise l'objectivité et la neutralité du chercheur. L'approche constructiviste place le chercheur dans une situation engagée par rapport à la pratique plutôt que d'être neutre et passif. L'approche pragmatiste sert à développer des résultats de recherche de façon objective afin d'expliquer la réalité tout en permettant de pouvoir y agir de manière intelligente. Nous avons choisi l'approche pragmatiste qui inclut un regard objectif mais aussi une volonté d'amélioration de la pratique.

L'objectif ultime de l'approche pragmatiste de la théorisation ancrée est d'accéder, par le biais de l'abduction, à une meilleure compréhension de la réalité vécue par les participants, tout en reconnaissant que les connaissances créées sont provisoires et contextualisées. Ainsi, les résultats tirés de la recherche doivent également être jugés utiles à l'action. De ce fait, une grande importance est accordée à la notion de cohérence, soit la vérification empirique des connaissances produites. C'est en vertu de cette vérification empirique des connaissances que l'approche de la théorisation ancrée est davantage reliée à un processus d'abduction. L'approche pragmatiste propose un équilibre entre la transparence demandée dans le processus de recherche et la subjectivité inhérente au chercheur. Dans cette approche, l'utilisation des écrits et de l'expérience du chercheur est acceptée, voire

---

[97] Barney G. Glaser and Anselm L. Strauss, *The Discovery of Grounded Theory*, 1967, Aldine Transaction, New Brunswick, N. J.
[98] Émilie Allard, Christine Genest et Alain Legault, « La théorisation ancrée : une méthodologie, plurielle », *Revue Francophone Internationale de Recherche Infirmière*, Volume 6, paru le 1er mars 2020.

nécessaire, afin de bâtir une sensibilité théorique, à l'exception de l'utilisation des cadres théoriques qui iraient à l'encontre du processus d'émergence de la méthodologie.

2.3 Mise en œuvre de la théorisation ancrée

La mise en œuvre de la théorisation ancrée se fait en deux grandes étapes : la procédure de collecte de données et la procédure de leur analyse. Les deux sous-sections suivantes expliquent ces deux procédures.

2.3.1 Procédure de collecte de données

Pour répondre à la question de recherche, il fallait identifier une approche permettant de collecter de nouvelles données susceptibles d'éclairer le développement et la prestation de la préparation au mariage durant la pandémie. Les participants potentiels à la recherche pouvaient provenir autant des formateurs que des couples qui ont suivi la formation en ligne. Les formateurs et les responsables de la formation à l'archidiocèse de Montréal sont évidemment dans une position privilégiée, car ils développent le programme, le diffusent et sont en contact avec tous les couples qui reçoivent la formation. En contrepartie, les couples en formation peuvent exprimer un point de vue différent, plus personnel que celui des formateurs : leur intérêt durant la formation, l'impact que la préparation aurait pu avoir sur la cérémonie de mariage, les effets à plus long terme sur la vie chrétienne individuelle et en couple. Nous avons fait le choix explicite de se limiter au point de vue des formateurs car ils apportaient déjà un point de vue approfondi compte tenu de leur implication importante à plusieurs niveaux (préparation, enseignement, contact avec les couples) excepté en ce qui concerne l'impact sur la vie chrétienne des couples après la formation. Nos efforts se sont donc concentrés sur le point de vue des formateurs.

Puisque les formateurs constituent un petit groupe de personnes au Centre diocésain (quatre couples mariés et deux prêtres), on a opté pour une entrevue de groupe. En effet, la participation de plusieurs formateurs à la fois permet d'augmenter les interactions non seulement entre le chercheur et chaque participant à la recherche, mais aussi entre les participants eux-mêmes qui peuvent se relancer durant la discussion. Une invitation a été faite aux dix formateurs. Quatre ont accepté de participer lors d'une entrevue qui s'est déroulée par zoom avec l'étudiant-chercheur le premier novembre 2021. La langue anglaise a été choisie car quelques intervenants associés à la formation en anglais n'avaient pas une compétence suffisante pour une longue discussion en français. Tous les propos ont été enregistrés, transcrits et traduits en français.

Avant l'entrevue, un protocole détaillé a été soumis au CERUL (Comités d'éthique en recherche à l'Université Laval) et approuvé le 5 octobre 2021. Ce protocole portait sur cinq aspects : (1) le mode de recrutement ; (2) le consentement des participants à participer à la recherche ; (3) les modalités de participation ; (4) la dimension éthique de la recherche (la confidentialité et la protection de la vie privée) ; (5) la conservation des données. Les personnes invitées à participer à la recherche étaient des membres bien au fait de la préparation au mariage associés au Centre diocésain pour le mariage, la vie et la famille de l'archidiocèse de Montréal. Des mesures strictes ont été prises pour préserver la confidentialité des informations collectées.

2.3.2 Procédure d'analyse des données

Pour faire l'analyse de données par la méthode de la théorisation ancrée, le chercheur québécois Pierre Paillé suggère six grandes étapes : « la codification, la catégorisation, la mise en relation, l'intégration, la modélisation et la théorisation »[99]. La codification consiste à étiqueter tous les éléments présents dans le corpus initial. La catégorisation consiste à nommer les aspects les plus importants du phénomène à l'étude. La mise en relation est l'étape où l'analyse débute véritablement. L'intégration est le moment central où l'essentiel du propos doit être cerné. La modélisation consiste à reproduire la dynamique du phénomène analysé. La théorisation est une tentative de construction minutieuse et exhaustive de la « multidimensionnalité » et de la « multicausalité » du phénomène étudié. Cependant, Paillé ouvre la possibilité de ne réaliser que les trois premières opérations qui amènent le chercheur à un niveau analytique déjà intéressant et qui peut suffire à ses objectifs.

---

[99] Pierre, Paillé (1994), L'analyse par théorisation ancrée, *Cahiers de recherche sociologique*, (23), 147–181[https://doi.org/10.7202/1002253ar] (Consulté le 20 octobre 2021). Voir aussi : Pierre Paillé, « Chapitre 3. L'analyse par théorisation ancrée », dans *Les méthodes qualitatives en psychologie et sciences humaines de la santé*, sous la direction de Marie Santiago Delefosse, Maria del Rio Carral, Paris, Collection : Psycho Sup, Dunod, 2017, p. 61-83.

Les six étapes d'analyse s'articulent comme suit. La codification initiale constitue le point de départ indispensable de toute théorisation ancrée. Cette première étape consiste à dégager, relever, nommer, résumer, thématiser, ligne par ligne, le propos développé à l'intérieur du corpus sur lequel porte l'analyse. Le chercheur procède donc à une lecture attentive de la transcription de l'entrevue, des notes de terrain, etc., puis tente de qualifier par des mots ou des expressions le propos d'ensemble. En analyse par théorisation ancrée, ce que l'on fait, essentiellement, à chacune des étapes, c'est poser des questions au corpus. Pour la codification, ces questions sont : qu'est-ce qu'il y a ici ? Qu'est-ce que c'est ? De quoi est-il question ?

La catégorisation est travaillée pendant tout le processus de conceptualisation. Un saut d'abstraction est nécessaire pour arriver à la catégorie. C'est une « opération intellectuelle qui permet de subsumer un sens plus général sous un ensemble d'éléments bruts du corpus ou d'éléments déjà traités et dénommés (codifiés) »[100]. Chaque catégorie doit être définie selon ses propriétés : ce qui la compose, ce dont elle a besoin pour être, son intensité, sa durée, etc. Les questions à se poser sont : Qu'est-ce qui se passe ici? De quoi s'agit-il? Je suis en face de quel phénomène?

La codification axiale consiste à lier les catégories et sous-catégories conceptuelles entre elles. Les connexions établies permettent de faire ressortir un « axe » autour duquel on fait révolutionner chacune des catégories, les unes après les autres. De cet exercice émerge une catégorie centrale. « La mise en relation est l'opération la plus complexe de l'analyse. Il faut se rappeler que chacune des catégories de la recherche possède des propriétés, répond à des conditions d'existence, et prend vraisemblablement des formes diverses. Au surplus, chacune des propriétés possède à son ton des dimensions. Or, tous ces éléments peuvent être mis en relation »[101].

---

[100] A. Mucchieli, *Dictionnaire…*, p. 23.
[101] A. Mucchieli, *Dictionnaire…*, p. 187-188.

La codification sélective consiste à organiser et articuler les catégories axiales. Selon Mucchielli, on cherche le phénomène principal émergeant des diverses catégories axiales[102].

La modélisation se poursuit à un niveau d'abstraction visant à reproduire le plus fidèlement possible l'organisation des relations caractérisant le phénomène principal. Les questions à se poser sont : Comment le phénomène se dévoile-t-il? Quelles sont les propriétés du phénomène? Quels sont les antécédents et les conséquences du phénomène? Quels sont les processus en jeu autour du phénomène?

Finalement, la théorisation consiste à formuler la complexité du phénomène tant au niveau conceptuel qu'au niveau empirique. L'objectif est de renforcer les concepts émergeants et d'affaiblir les explications divergentes. Pour ce faire, on sélectionne un certain nombre d'éléments représentatifs d'un phénomène en « minimisant et en maximisant tour à tour les différences entre situations et groupes étudiés, afin d'assurer le plus de précision et de densité possible aux catégories émergentes. La variation (du phénomène étudié et mis en relief par la maximisation) constitue un instrument clé de la théorisation ancrée »[103] . En dernier lieu, la vérification des implications théoriques consiste à décomposer la théorisation sous forme d'énoncés pour vérifier si les données empiriques sont en harmonie avec les hypothèses formulées.

2.4 Résultat de la collecte de données

Les principales données nouvelles pour étudier la préparation au mariage durant la pandémie dans le diocèse de Montréal ont été collectées lors d'une entrevue avec quatre personnes directement ou indirectement impliquées dans la préparation au mariage offerte dans l'archidiocèse de Montréal. Le verbatim de l'entrevue se retrouve en annexe A.

Les participants à l'entrevue ont expliqué leur expérience en lien avec la préparation au mariage. Deux des participants étaient un couple marié avec plus de 20 ans d'expérience

---

[102] A. Mucchieli, *Dictionnaire...*, p. 189.

[103] Anne Lapierre, « La théorisation ancrée (grounded theory) : démarche analytique et comparaison avec d'autres approches apparentées », dans Poupart, Deslauriers, Groulx, Laperrière, Mayer, Pires, *La recherche qualitative, enjeux épistémologiques*, Gaétan Morin éditeur, 1997, p. 322.

d'accompagnement de jeunes couples à la préparation au mariage. Un des conjoints est aussi impliqué depuis 2019 dans la direction du Centre diocésain pour le mariage, la vie et la famille de Montréal. L'autre conjoint possède une expertise en technologie, ce qui a facilité l'adoption de certains outils pour la formation en mode virtuel. Les deux autres participants à l'entrevue sont des employés de l'archidiocèse, depuis 6 et 8 ans respectivement. L'un apporte un soutien direct au groupe de préparation au mariage; l'autre fournit un soutien pastoral aux paroisses sans être un intervenant direct dans la préparation au mariage.

Le verbatim est composé de 149 paragraphes de discussion en groupe. Les 8 premiers paragraphes ont été retirés pour des raison de confidentialité car il s'agissait de la présentation des participants. Les textes ont été analysés par la méthode de la théorisation ancrée en six étapes telle que décrites ci-haut (section (2.3.2).

2.5 Analyse des données

Cette section inclut sept sous-sections. Les six premières reflètent l'analyse des données selon la méthode de la théorisation ancrée décrite ci-haut : (1) codification; (2) catégorisation; (3) codification axiale ou mise en relation; (4) codification sélective; (5) modélisation; (6) théorisation. La septième sous-section inclut des commentaires personnels concernant les propos collectés durant l'entrevue et certains éléments non-dits qui peuvent néanmoins éclairer la pratique. Rappelons que l'analyse est faite pour répondre à la question de recherche qui a été formulée comme suit. Quels sont les enjeux sociaux, pastoraux et ecclésiaux de l'accompagnement des couples qui se préparent au mariage dans l'archidiocèse de Montréal dans le temps de la pandémie COVID-19 ?

2.5.1 Codification des données

La codification consiste à rapporter les données au premier niveau de signification, c'est-à-dire dans le sens où les paroles ont été dites. L'entrevue a été transcrite en 149 paragraphes (annexe A, à l'exception des huit premiers paragraphes qui ont été retranchés afin de garder la confidentialité). Les quatre participants à l'entrevue ont d'abord expliqué leur expérience en lien avec la préparation au mariage et les activités pastorales dans l'archidiocèse de Montréal.

Dans les paragraphes 11 à 20, les participants évoquent les défis au début de la pandémie : arrêt soudain des formations en présentiel, attentisme des formateurs, souhait que tout revienne rapidement comme avant. Ils soulignent à plusieurs reprise le besoin d'encourager « l'équipe », c'est-à-dire l'ensemble des formateurs à envisager une reprise rapide de la préparation au mariage sous une forme nouvelle. Ils constatent toutefois que les équipements personnels de plusieurs formateurs sont inadéquats pour passer rapidement à un enseignement en ligne. Les formateurs sont alors invités au diocèse où des équipements mieux adaptés et un soutien technique sont disponibles. Ils imaginent au départ que la formation en ligne sera très semblable à la formation en présentiel : des séances zoom d'une durée de huit heures chaque jour de fin de semaine et de quatre heures un soir de semaine afin d'offrir une session complète de 20 heures. Durant la première année (2020-2021), l'archidiocèse utilisera d'ailleurs ce format lors d'une dizaine de sessions complètes de préparation au mariage (paragraphes 45 à 49).

Les formateurs ont constaté plusieurs difficultés avec cette formule de visioconférence d'une durée jusqu'à huit heures consécutives : fatigue des participants, fatigue des formateurs, manque de contact personnel entre les présentateurs et les couples en formation (paragraphes 21 à 27). C'était donc l'occasion de changer la formule, de raccourcir les blocs de formation (8 blocs de 2,5 à 3 heures chacun) et d'étaler la formation sur plusieurs semaines au lieu de la formation traditionnellement intensive d'une seule fin de semaine (paragraphes 28 à 33). L'étalement de la formation pourrait amener à un changement important dans la formation des fiancés sous la forme d'un RICA (Rituel de l'initiation chrétienne des adultes, paragraphe 32).

Il y a eu une grande réticence de la part de certains présentateurs à réduire leurs PowerPoint typiquement de 60 à 20 diapositives (paragraphes 111-112). Heureusement, les présentateurs y sont parvenus, ce qui a permis d'offrir la nouvelle formule en ligne de huit courtes rencontres durant la deuxième année de pandémie (2021-2022; paragraphe 50 à 52).

Plusieurs avantages ont été mentionnés pour cette formule de huit rencontres en ligne de trois heures : une meilleure connaissance des participants à cause d'un plus grand nombre de rencontres (paragraphe 34), être moins pressé en passant d'une formation intensive à une formation étalée (paragraphe 35), permettre à des fiancés éloignés de participer à la formation en même temps que d'autres (paragraphes 36 à 42). On percevait même la formation en ligne comme une bénédiction et un encouragement à participer pour plusieurs fiancés séparés géographiquement.

Les formateurs ont abordé brièvement les huit thèmes de la préparation au mariage (paragraphes 55 à 71). Le premier thème (préparation au mariage) et le huitième thème (sacrement du mariage) permettent aux fiancés de prendre conscience du sérieux de cet engagement. Parmi les autres thèmes, les formateurs ont noté l'importance d'enseigner « comment » prier et de comprendre la beauté de la sexualité ainsi que les difficultés face aux déviations (pornographie, infidélités, etc.).

Les intervenants reconnaissent plusieurs avantages à la formation en présence, notamment la messe qui permet de rencontrer la communauté et qui aide à préparer la future cérémonie de mariage (paragraphe 73). Le contact humain est également un atout indéniable (paragraphe 94). À l'avenir, la préparation en ligne demeurera néanmoins une option à cause des avantages d'inclusivité pour les gens éloignés et d'un coût relativement faible (paragraphes 75-76; 92-93). La préparation en ligne pourrait aussi s'intégrer dans une formation hybride, tantôt en ligne, tantôt en présence (paragraphes 96-99). La collaboration avec d'autres diocèses devrait être envisagée pour les futures formations en ligne (paragraphe 102).

La discussion a aussi porté sur le mentorat, c'est-à-dire la rencontre personnelle d'un couple marié d'expérience avec un couple de fiancés (paragraphes 78 à 89). C'est une activité qui est beaucoup plus facile à réaliser en présentiel qu'en mode virtuel. Six thèmes sur huit sont présentés par des couples mariés, les deux autres par des prêtres. Un couple est généralement toujours présent, alors un couple de fiancés qui veut se confier ou demander conseil peut toujours trouver une couple marié disponible. Le mentorat s'est toutefois peu développé depuis le début de la pandémie.

Les formateurs espèrent offrir un enrichissement aux couples après leur mariage (paragraphe 90) ou encore par une invitation pour souligner un anniversaire de mariage (paragraphe 114). Le simple fait de venir physiquement dans une église est parfois un événement pour plusieurs fiancés ou jeunes mariés qui fréquentent peu l'Église (paragraphe 95). Il s'agit aussi d'une occasion d'offrir une vision positive de la foi (paragraphe 100) et la possibilité de renouer avec le sacrement de réconciliation et la messe (paragraphe 109-110).

Un intervenant considère que la préparation au mariage est trop axée sur le contenu et pas assez sur la conversion (paragraphes 106-108). Une autre intervenante souhaite que les fiancés ne viennent pas seulement apprendre des connaissances, mais aussi nourrir leur âme durant la préparation au mariage (paragraphes 109-110).

Les formateurs ont indiqué la fierté d'avoir développé un programme en ligne (paragraphe 115). Ils ont reconnu que la présence d'une personne avec de grandes compétentes en technologie a été un atout indéniable (paragraphe 116-117) mais le succès a aussi requis une dose d'amour pour relever le défi (paragraphe 118). La discussion s'est terminée sur une anecdote concernant le don d'un crucifix aux fiancés qui leur rappelle leur participation à la préparation au mariage et est un signe d'union avec le Christ (paragraphes 120-121). Le reste des échanges (paragraphes 123 à 149) inclut les remerciements, les échanges sur la correspondance et la suite des choses.

2.5.2 Catégorisation des données

La catégorisation consiste à regrouper les divers faits en concepts qui peuvent éclairer l'objet de l'étude. En s'inspirant de la question de recherche, les principaux faits seront regroupés selon trois enjeux : les enjeux sociaux, les enjeux pastoraux et les enjeux ecclésiaux.

Les enjeux sociaux ont commencé avec la pandémie, le confinement, l'impossibilité d'offrir une formation en présence. D'autres enjeux sociaux étaient la résistance naturelle aux changements des formateurs qui espéraient revenir aux mêmes méthodes d'enseignement qu'avant la pandémie. L'enjeu technologique a requis de la compétence technique, des équipements adéquats et un soutien que le diocèse a pu fournir à l'ensemble des formateurs. L'isolement des fiancés a aussi fait en sorte que leur participation à un enseignement même virtuel les sortaient de leur solitude et leur donnait un espoir que leur projet de mariage se réaliserait un jour ou l'autre malgré l'avenir incertain.

Plusieurs enjeux pastoraux se sont présentés aux formateurs. Ils devaient former une équipe solidaire pour adapter leur enseignement au nouveau contexte de la pandémie. Outre l'adaptation technique à l'enseignement en ligne, ils devaient trouver des moyens de maintenir l'intérêt des participants pour une formation religieuse quand de nombreux autres soucis apparaissaient. Les formateurs ont refait leur formation pour mieux l'adapter à cet enseignement en ligne (rencontre plus courtes et plus espacées dans le temps, présentations plus synthétiques, périodes de discussion en mode virtuel). Tous les thèmes étaient abordés avec autant de sérieux qu'en mode présentiel. Toutefois, les formateurs ont pris conscience que trop d'importance était accordée à la transmission de savoir (le contenu) et pas assez à l'esprit de conversion et la volonté d'approfondir la foi. La formation en ligne posait des difficultés à développer une relation plus personnelle entre les formateurs et les fiancés, et rendait pratiquement impossible l'application d'un mentorat personnalisé entre couples mariés et fiancés. La formation en ligne représentait un grand soutien aussi pour les fiancés éloignés qui trouvait un nouveau moyen de se réunir et de se préparer à leur mariage.

Les enjeux ecclésiaux ont porté d'abord sur l'arrêt ou la continuité d'un programme diocésain de préparation au mariage. N'eut été de la présence d'une personne très compétente en technologie, il y aurait eu un risque d'arrêter complètement le programme durant toute la période de confinement ou de retarder considérablement sa mise en œuvre. Des nouvelles occasions de collaborer avec d'autres diocèses se sont présentées; à plus long terme, il devient possible d'identifier des formations qui pourraient être développées ou offertes conjointement ou en complémentarité avec d'autres diocèses. Le Centre diocésain de Montréal a aussi poussé sa réflexion sur de futures activités d'approfondissement de la vie conjugale après le mariage.

2.5.3 Codification axiale

La codification axiale vise à lier les différentes parties autour d'un axe principal. Dans ce cas-ci, l'axe principal est la préparation des fiancés à leur futur mariage dans la foi catholique, dans un contexte particulier de pandémie. Le but était donc de continuer à appuyer les fiancés dans leur projet de mariage à l'église. Pour ce faire, les responsables du Centre diocésain ont tout mis en œuvre pour offrir une formation virtuelle de qualité durant toute la durée du confinement et des restrictions sanitaires.

Le processus a évolué dans le temps. Durant la première année, la formation virtuelle a été construite de façon similaire à la formation en présence : des rencontres intensives de trois jours (pas nécessairement consécutifs mais rapprochés) pour ressembler à une formation d'un week-end. Durant la deuxième année, une formation plus étalée a été offerte sur une période plus longue (environ huit semaines); les thèmes ont été subdivisés et les présentations simplifiées pour s'adapter à des rencontres plus courtes.

Les formateurs ont vu des avantages à la formation en ligne : possibilité de réunir des fiancés éloignés, pour certains participants moins de gène lors de la pose des questions dans le « chat », meilleure connaissance des fiancés par des rencontres plus nombreuses (et plus courtes). Toutefois, il y avait des inconvénients : pas de contact en personne, peu de possibilité d'appliquer le mentorat entre un couple marié et un couple de fiancés, pas de messe durant la formation. Clairement, il y avait un désir de revenir à des formations en personne.

Toutefois, à l'avenir, il semble important de conserver l'option de la formation en ligne pour les situations particulières comme les fiancés éloignés l'un de l'autre, ou éloignés de l'archidiocèse de Montréal et qui souhaitent s'y marier. Cela peut amener des collaborations entre diocèses et de futures formations en ligne autres que la préparation au mariage.

2.5.4   Codification sélective

Le phénomène principal ici est la préparation au mariage en ligne. Durant la plus grande période de restrictions sanitaires (2020-2022), l'archidiocèse de Montréal a maintenu une formation accessible à tous les couples qui envisageaient le mariage catholique. Cela a permis de modifier et bonifier certains aspects de la formation : des enseignements subdivisés en plus courts modules et la possibilité d'étaler la préparation sur plusieurs semaines au lieu d'une formation intensive d'un week-end.

L'avenir de la préparation au mariage en ligne est toutefois moins favorisé que le retour à une formation en présentiel qui a plusieurs avantages. Parmi ceux-ci, on note le contact direct et fraternel entre les formateurs et les fiancés, la rencontre de prêtres et la célébration d'une messe, la rencontre possible de la communauté paroissiale. Le maintien d'une préparation au mariage en ligne est justifié surtout pour des circonstances moins fréquentes : des couples éloignés, des couples vivant dans des endroits différents, de futures restrictions sanitaires ou autres comme des contraintes de transport ou de mobilité. Puisqu'il s'agit d'une petite proportion des demandes de préparation au mariage, il peut être opportun d'établir des collaborations avec d'autres diocèses pour le maintien et le développement d'une formation en ligne.

2.5.5 Modélisation des données

Cette analyse montre que l'adaptation est une qualité importante en Église. Dans le contexte de la pandémie, le centre diocésain a su développer de nouveaux outils pédagogiques pour continuer la préparation au mariage de fiancés qui souhaitaient poursuivre leur démarche malgré l'incertitude reliée au confinement. Grâce à leur leadership, les dirigeants du centre diocésain ont su encourager toute l'équipe de formateurs à se réorienter sur une pédagogie en ligne. Celle-ci a évolué entre la première et la deuxième année vers un programme plus souple, plus modulaire et avec la possibilité d'être offert en version intensive (un week-end) ou en version extensive (huit séances de trois heures).

L'expérience de l'offre de la préparation au mariage à 274 couples durant deux années (2020-2022) a également mis en lumière certains avantages et inconvénients de la formation en ligne. Les principaux avantages perçus sont l'inclusivité de personnes éloignées qui peuvent participer facilement et la possibilité d'avoir un programme étalé dans le temps. Les principaux inconvénients mentionnés sont le manque de contact personnel, l'absence d'appréciation des lieux de culte qu'offre l'Église et la difficulté d'offrir une messe aux fiancés durant leur formation.

L'offre d'une préparation au mariage en ligne devrait être maintenue à l'avenir pour combler les besoins de personnes éloignées mais il y a une reconnaissance que le nombre de demandeurs sera faible par rapport aux fiancés qui habitent suffisamment proche d'un site offrant une formation en présence.

2.5.6 Théorisation des données

La théorisation permet d'entrevoir la complexité d'un phénomène, tout en renforçant les concepts émergeants et en affaiblissant les divergences. En ce qui concerne la préparation au mariage en ligne, on observe qu'elle s'est développée en deux phases successives après l'apparition de la pandémie COVID-19 en mars 2020. Dans un premier temps, les responsables du Centre diocésain ont utilisé la visioconférence pour reproduire en virtuel la formation intensive en présence. Ainsi en 2020-2021, une formation avec deux séances de huit heures et une séance de quatre heures par zoom a été offerte une dizaine de fois pendant l'équivalent d'un week-end. Constatant la fatigue des fiancés et des formateurs pendant ces longues rencontres virtuelles, un programme différent a été offert en 2021-2022. Il s'agissait de huit rencontres de 2,5 à 3 heures qui pouvaient s'étaler sur huit semaines. Ce deuxième type de formation a exigé de revoir le contenu des formations et d'alléger les présentations.

Les formateurs ont perçu des avantages comme l'accès facile aux participants même éloignés, mais ils ont noté les inconvénients comme le manque de contact personnel, l'absence de célébrations liturgiques et l'absence de rencontre de la communauté paroissiale. Tout compte fait, à long terme, la préparation au mariage en présentiel devrait être priorisée sur une préparation en mode virtuel, mais une offre continue en virtuel peut rendre service dans des cas particuliers. Cela peut aussi amener le diocèse à envisager des collaborations avec d'autres diocèses pour de futures formations en ligne. L'expérience de la formation en ligne a aussi mis plus en évidence le problème de l'emphase excessive sur les contenus par rapport à la volonté d'approfondir la foi et de découvrir des chemins de conversion pour les participants.

2.5.7 Commentaires personnels sur les données

Les données recueillies reflètent essentiellement le point de vue des formateurs de la préparation au mariage. On n'avait pas le point de vue des fiancés (excepté une des participantes à l'entrevue qui fait allusion à sa double expérience d'employée de l'archidiocèse et de fiancée ayant reçu la préparation en ligne avec son fiancé demeurant à l'étranger, paragraphe 37). Dans une future étude, il serait bon d'étendre la collecte de données.

Durant l'entrevue, il y a eu une brève suggestion de transformer la préparation au mariage en RICA[104] (paragraphe 32). Toutefois, la discussion n'est pas allée plus loin dans cette direction. Or, le Vatican a proposé justement en juin 2022 d'explorer des chemins nouveaux pour préparer les jeunes couples au mariage[105]. Les diocèses sont invités à être ouverts à développer de nouvelles démarches de préparation au mariage qui incluraient une plus grande réflexion sur la foi et la poursuite de la vie chrétienne. Le Dicastère pour les laïcs, la famille et la vie a publié un document d'une centaine de pages qui propose une réflexion sur les nouvelles façons de préparer les couples au mariage[106].

Au paragraphe 76, un formateur affirme, en parlant des rencontres hybrides ou en ligne, que « cela ne coûte rien, il n'y a pas de travail supplémentaire ». Il est vrai que les rencontres en ligne ont plusieurs avantages : une accessibilité accrue, une flexibilité, une économie de temps et d'argent en réduisant les déplacements[107]. Toutefois, selon cette même analyse, il y a des inconvénients qui requièrent des ressources : les défis techniques pour assurer une bonne qualité audio et vidéo, un engagement inégal des participants, une bonne coordination et une planification minutieuse. Donc, il peut y avoir des coûts supplémentaires (équipement) et du temps de préparation pour des rencontres en ligne.

Au paragraphe 85, un formateur indique que le Centre diocésain est disponible pour toute personne ayant besoin d'aide et qu'il dispose de ressources pour les couples mariés et leurs enfants. Cela est très bien. Je suggère que le Centre, au moment de la préparation au mariage, encourage également les fiancés et les jeunes mariés à trouver et à participer

---

[104] Rituel de l'initiation chrétienne des adultes.

[105] Vatican News, « De nouveaux chemins pour la préparation au sacrement du mariage », 15 juin 2022 [https://www.vaticannews.va/fr/vatican/news/2022-06/vatican-document-preparation-mariage-catechumenat-famille.html] (Consulté le 29 août 2024).

[106] Dicastère pour les laïcs, la famille et la vie, *Itinéraires catéchuménaux pour la vie conjugale*, (2022) Libreria Editrice Vaticana, [https://www.laityfamilylife.va/content/dam/laityfamilylife/amoris-laetitia/OrientamentiCatecumenatomatrimoniale/ITIN%C3%89RAIRES%20CAT%C3%89CHUM%C3%89NAUX_FRA.pdf] (Consulté le 29 août 2024).

[107] Alex York, *Organiser des réunions hybrides - Optimiser l'efficacité et garantir l'inclusivité,* 19 janvier 2024 [https://clickup.com/fr-FR/blog/132060/reunions-hybrides] (Consulté le 29 août 2024).

régulièrement dans une communauté de foi. Le risque pour plusieurs jeunes couples qui ont une étincelle de foi est de rester isolés s'ils ne fréquentent pas d'autres chrétiens. Cela peut être un défi de trouver une communauté où on se sent à l'aise et bien accueilli. Mais c'est nécessaire pour tout chrétien qui veut croître dans sa foi.

À la lecture du paragraphe 108, on comprend que plusieurs fiancés retiennent une faible partie des enseignements qui leur sont donnés durant la préparation au mariage. Il serait alors pertinent d'alléger l'enseignement et de laisser place à plus de discussion, d'échange et même de prière durant la formation. Pour compenser les détails non transmis, un manuel sur la vie chrétienne en couple pourrait être remis à chaque couple afin de servir comme référence après la formation.

Conclusion du deuxième chapitre

Dans ce chapitre, nous avons d'abord décrit les trois moments de la recherche en théologie pratique : une description fine de la pratique, une analyse théologique et un réinvestissement. Pour établir cette description fine, nous avons fait appel aux méthodes qualitatives en sciences sociales, en particulier à l'approche pragmatiste de la théorisation ancrée. Cette approche a été expliquée en détail tant au niveau de la cueillette de données que de leur traitement. Les données ont été recueillies lors d'une entrevue de groupe avec quatre formateurs ou intervenants de l'archidiocèse de Montréal qui ont contribué au développement et à la mise en œuvre de la préparation au mariage en mode virtuel au cours des deux premières années de la pandémie COVID-19, soit entre 2020 et 2022.

La théorisation des données illustre la volonté du Centre diocésain de Montréal à maintenir une formation de qualité malgré les nombreuses contraintes et restrictions sanitaires durant cette période. La préparation au mariage en ligne a révélé plusieurs avantages comme l'accessibilité à des fiancés éloignés, une souplesse dans la façon de donner cet enseignement et l'occasion de renouveler la présentation de la formation. Elle a aussi montré des inconvénients comme l'absence de contact personnel, l'emphase excessive sur le contenu par rapport à une réflexion sur la foi et le besoin d'encourager les fiancés à un engagement plus grand en Église.

À la suite de ce parcours à travers les données recueillies, nous nous proposons de dégager la lecture faite par des théologiens pour découvrir comment Dieu parle aux hommes et aux femmes de ce temps ; et comment leurs réflexions peuvent nous guider dans l'articulation de l'expérience de la pandémie par rapport aux couples en formation pour le mariage.

CHAPITRE III : L'INTERPRÉTATION THÉOLOGIQUE

Le moment de la corrélation en théologie pratique repose sur des présupposés essentiels. Selon la constitution pastorale « *Gaudium et Spes* » du concile Vatican II, les pratiques sont des lieux où Dieu se manifeste en s'intégrant dans la vie, l'histoire de l'humanité :

> Mû par la foi, se sachant conduit par l'Esprit du Seigneur qui remplit l'univers, le Peuple de Dieu s'efforce de discerner dans les événements, les exigences et les requêtes de notre temps, auxquels il participe avec les autres hommes, quels sont les signes véritables de la présence de Dieu. La foi, en effet, éclaire toutes choses d'une lumière nouvelle et nous fait connaître la volonté divine sur la vocation intégrale de l'homme, orientant ainsi l'esprit vers des solutions pleinement humaines[108].

À cet effet, les expériences chrétiennes sont donc des ponts de rencontres pour que l'homme et la femme se situent dans l'histoire, des creusets d'accueil de la révélation et une expression salvifique : « Ce n'est que dans des expériences humaines actuelles que les hommes et les femmes accèdent à une expérience personnelle de la foi chrétienne, où la révélation est reçue et accueillie »[109].

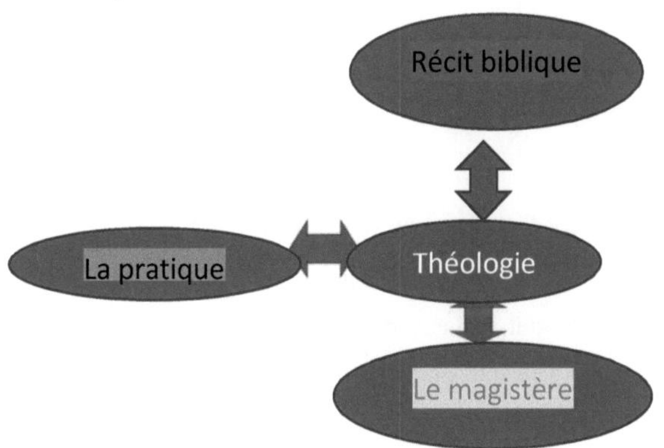

Figure 3: La corrélation théologique

Dans ce troisième chapitre, tout au long de ce travail de corrélation, nous ferons référence à la Parole de Dieu, à des documents magistériels et des théologiens issus d'écoles

---

[108] Vatican II, *Gaudium et Spes, Constitution pastorale sur l'Église dans le monde de ce temps,* Rome, 1967, n° 11.
[109] Edward Schillebeeckx, *L'histoire des hommes, récit de Dieu,* Cogitatio fidei, Paris , Cerf, 1992, p. 59.

théologiques différentes dans le monde. Leur pensée traverse les concepts clés de notre travail : la Pentecôte, Babel, la formation des couples en ligne, la communication et la pandémie. Une première corrélation expose la dichotomie qui existe entre les événements de la tour de Babel et la Pentecôte. En deuxième lieu, nous essaierons d'identifier théologiquement les bienfaits de la formation des couples en temps de COVID-19 à Montréal à la lumière des textes biblique choisis pour la corrélation. En troisième lieu, nous illustrerons la résilience de l'équipe des formateurs de Montréal en temps de confinement mondial pendant que les autres diocèses du Québec étaient fermés. Ici, nous sommes arrivés au quatrième lieu à identifier dans la pratique les initiatives qui mettent en valeur en temps de pandémie, s'ouvrant sur la fécondité évangélisatrice des actes de ceux qui accompagnent les couples en temps de confinement. En cinquième lieu, nous montrerons qu'à partir d'une réflexion exégétique profonde comment la corrélation qui existe entre la Pentecôte et la formation des couples en ligne vont au-delà des frontières culturelles.

3.1 La Pentecôte et le récit de Babel — exégèse

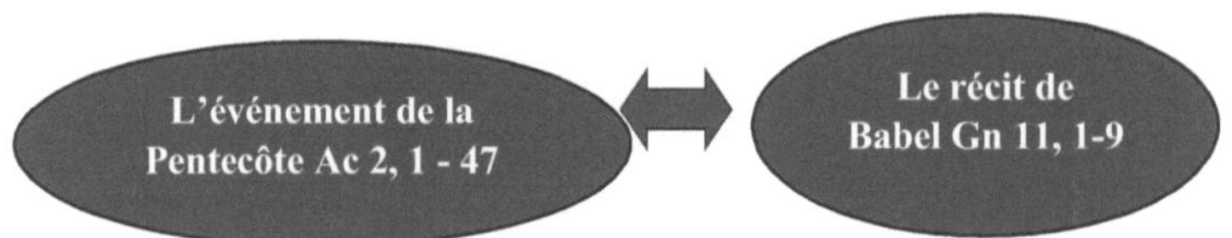

Figure 4: La Pentecôte et le récit de Babel

La paralysie du langage nous divise. Ainsi, nous ne sommes plus capables de faire sens ; nous ne pouvons que faire du bruit l'un envers l'autre. La construction de Babel était un acte d'orgueil[110] des fils d'Adam qui voulaient mettre de l'ordre dans le monde pour satisfaire leur caprice. Mais ce rêve va à l'encontre du projet de Dieu. Selon une affirmation de Parizet Sylvie : « Au-delà du problème de bénédiction ou de malédiction, ce dont il est question, c'est de l'ordre du monde ou de son caractère chaotique »[111]. En un mot, le récit de Babel présente deux plans : le plan immobiliste des fils d'Adam et le plan universaliste

---

[110] Cf. Gn 11

[111] Parizet Sylvie, Récit de chute ou récit de vocation ? In: Babel: ordre ou chaos ? Nouveaux enjeux du mythe dans les œuvres de la Modernité littéraire [en ligne]. Grenoble : UGA Éditions, 2010 (généré le 21 décembre 2022).

de Dieu. Dieu va restaurer le plan des fils d'Adam à travers la Pentecôte (l'événement fondateur de l'Église conduisant à l'unité dans la diversité). Selon le pape Benoit XVI,

> Babel c'est la description d'un royaume dans lequel les hommes avaient concentré tant de pouvoir qu'ils pensaient qu'ils n'avaient plus besoin de s'appuyer sur un Dieu lointain et qu'ils étaient assez puissants pour pouvoir construire par eux-mêmes un chemin vers le ciel afin d'ouvrir ses portes et usurper la place de Dieu. Cependant, à ce moment précis, quelque chose d'étrange et d'inhabituel se produit. Alors que les hommes travaillent ensemble pour construire la tour, ils réalisent soudain qu'ils construisent les uns contre les autres. En s'efforçant d'être comme Dieu, ils risquent même de ne plus êtres humains parce qu'ils ont perdu un élément fondamental de l'être humain : la capacité de s'entendre, de se comprendre et de travailler ensemble[112].

Ceci montre l'importance de la communication dans le travail au bien-être de tous. Pour sa part, Jean L'Hour souligne un aspect essentiel dans l'événement de la tour de Babel : « L'absence de tout dialogue signe non pas une faute, mais plutôt un échec de l'entreprise humaine. La confusion des langues et la dispersion qui s'ensuit apparaissent dès lors comme un renvoi de l'humanité à sa réalité terrestre. Le récit raconte un côté à côte plutôt qu'un face à face »[113]. Comme Adam et Ève, les bâtisseurs n'ont pas voulu recevoir de Dieu ; ils voulaient faire les choses par eux-mêmes et construire l'unité selon leurs propres caprices. Pour punir leur orgueil, Dieu a confondu leur langage et les a dispersés. En confondant le langage des hommes à Babel, Il a séparé et dispersé la cité des hommes en diverses races, langues, cultures et terres, et a ainsi limité sa capacité de mal et de destruction. La leçon de Babel est pertinente : c'est l'orgueil humain qui a semé la confusion et la division dans le monde.

Aujourd'hui, l'orgueil humain a relativisé la foi. Toutefois, ce relativisme humain ne peut faire obstacle au projet de Dieu. Danielle Lamoureux dans son mémoire sur « *la psychanalyse des enfants* » considère l'égoïsme humain manifesté dans l'événement de Babel comme une richesse pour l'humanité. Elle affirme en ces mots :

> Dieu, jaloux de sa suprématie, avait ainsi introduit la diversité des langues ; ce châtiment céleste qui sépare les hommes par la confusion des langues fit échouer leur entreprise. Bien sûr, ce qu'il veut nous enseigner, c'est que Dieu

---

[112] Pape Benoit XVI, *Homélie en la fête de la Pentecôte*, basilique du Vatican, 27 mai 2012.
[113] Jean L'Hour, *Les pas de l'humanité*, Paris, Cerf, Cahier évangile, n° 161 (septembre 2012), p. 58-61.

n'est en définitive que l'unité perdue de l'espèce humaine et le langage, le moyen de la retrouver. Nous pouvons penser que ce qui nous est présenté comme un châtiment et une malédiction, cette séparation des langues, n'en est que la diversité et donc la richesse[114].

Par ailleurs, les réfections bibliques montrent que la Pentecôte c'est la défaite de Babel[115]. Les Apôtres, remplis du Saint-Esprit, parlent un langage que tous les auditeurs peuvent comprendre. Rachetés par Jésus-Christ, les hommes et les femmes peuvent désormais parler intelligiblement de Dieu et d'eux-mêmes. Et parce qu'ils peuvent communiquer la vérité aux autres, cette intelligibilité conduit à l'unité. C'est dans cette optique que Danielle Lamoureux stipule : « Les langues visent toutes la même réalité, mais non pas sur le même mode. Prises une à une, les langues sont incomplètes ; ensemble, elles se complètent mutuellement »[116]. Dans cette même optique, Jean L'Hour se fait une idée nouvelle de Babel : « La dispersion des humains est en réalité un acte de miséricorde qui libère l'humanité de ses monologues et de ses rêves totalitaires. L'unité légitimement recherchée n'est possible que par le dialogue entre des hommes et des peuples différents »[117]. Ce dialogue repose sur l'initiative de Dieu, l'Altérité même, rassemblant toutes les nations dans la personne de son serviteur Abram[118]. Selon les chrétiens, il faudra enfin la révolution de la Pentecôte[119] pour que les peuples avec leurs différentes langues comprennent la même parole. Au fait, la volonté pour se comprendre l'un l'autre est déjà perçue comme un grand pas vers l'unité dans la diversité.

Mais l'Église est le lieu où cette unité est expérimentée le jour de la Pentecôte. Animée par l'Esprit, elle redonne sens au monde. C'est parce que l'Église est dévouée à la Parole de Dieu qu'elle peut purifier la parole de l'homme. Dans l'Église, tous les peuples viennent à la Parole divine et découvrent aussi que la parole humaine peut transmettre la vérité.

---

[114] Danielle Lamoureux, *La psychanalyse des enfants : étude comparée des traductions de deux œuvres fondatrices, suivie d'un glossaire*, Mémoire présenté à la Faculté des études supérieures en vue de l'obtention du grade de Maître ès arts (M.A.), Université de Montréal, 7 août 2008, p.22-23.
[115] Cf. Ac 2, 7-11.
[116] *Id.*, « *La psychanalyse des enfants...* », p. 24.
[117] Jean L'Hour, *Genèse 1-11. Les pas de l'humanité*, Éd. Cerf, Cahier évangile, n° 161 (septembre 2012), p. 58-61.
[118] Gn 12,2-3.
[119] Ac 2,1-13.

Alors quand l'Église est mise à côté du terrain, cela reflète que Babel revient dans le monde par la sécularisation externe et interne. Cela a produit notre situation actuelle, que Saint Jean-Paul II appelait autrefois une crise de sens dans un monde éclaté. Pour Jean Paul II, le monde moderne désespère de savoir ce qui est vrai. Et en l'absence de vérité, il n'aura que division et conflit : « Ces divisions se manifestent dans les rapports entre les personnes et entre les groupes, mais aussi au niveau des collectivités les plus vastes : nations contre nations, blocs de pays opposés et tendus dans la recherche de l'hégémonie. À la racine des ruptures, il n'est pas difficile d'identifier des conflits qui, au lieu de se résoudre par le dialogue, s'exacerbent dans l'affrontement et dans l'opposition »[120].

Par ailleurs, la Pentecôte n'est pas comme un simple souvenir. Elle est célébrée pour rendre présents et effectifs les événements de la première Pentecôte ; pour que ce qui s'est passé là-bas et alors se produise ici et maintenant. Une dimension importante de la Pentecôte c'est la compréhension et l'unité que l'Esprit a apportées au monde dans l'Église. Cet Esprit est toujours à l'œuvre partout et dans chaque événement de l'Église.

Le renouveau de la Pentecôte invite les baptisés de l'Église à parler clairement et avec charité. C'est un échec de la charité que de ne pas être clair, de se livrer à l'erreur d'un autre et de façonner notre langage pour accommoder les mensonges. C'est également un manque de clarté que de parler d'une manière peu charitable. Pour restaurer la centralité de la Parole, l'Esprit nous invite à utiliser nos propres mots correctement sans compromettre la vérité. La solution à notre Babel actuelle est la même que dans le monde antique : une Pentecôte qui amène l'Église à donner du sens au monde, parce que nous sommes « sel de la terre et lumière du monde »[121].

La Pentecôte rappelle à l'Église que sa mission est d'aller dans toutes ces nations et langues qui ont été séparées à Babel. C'est le symbolisme des langues de feu. Par l'Esprit du Christ, l'être humain, séparé de Dieu et de lui-même par le péché, est amené à l'unité en entrant dans la société surnaturelle qu'est l'Église. À la Pentecôte, l'Église est fondée sur la

---

[120] Jean Paul II, Exhortation post-synodale sur *La réconciliation et la pénitence dans la mission de l'Église aujourd'hui*, Libreria Editrice Vaticana, 1984, n° 2.
[121] Mt 5, 13.

première communauté des disciples et de Marie, l'incarnation du Corps du Christ, la vie du Peuple de Dieu et le Temple de l'Esprit dans l'ici et le maintenant de la vie du monde!

Ainsi, la fondation de l'Église le jour de la Pentecôte est un signe d'union harmonieuse de tous les êtres humains et sacrement du salut. L'Esprit nous convoque à l'unité en place de la division, la querelle, la dissension et le schisme.

Enfin, tout au long de l'histoire de l'Église depuis la première Pentecôte, il y a toujours eu des obstacles pour affaiblir l'unité des institutions. Mais l'Esprit de Pentecôte maintient l'unité des institutions inébranlables même dans les situations les plus difficiles. « Et ils cessèrent de construire la ville »[122]. Ce verset traduit que Babel n'est pas détruite, mais elle est inachevée, inhabitable. C'est l'histoire des nomades délaissés dans le monde. Ainsi se termine l'histoire d'une humanité enfermée dans son monologue et son immobilisme, affirme Jean L'Hour. Selon une réflexion biblique du diocèse de Lille, elle ne fait aucun doute que la confusion des langues et la dispersion sont la seule réalité du monde et, paradoxalement, le chemin difficile et nécessaire vers la bénédiction de tous les peuples[123]. La Pentecôte nous montre que l'unité est toujours possible là où existent des hommes et des femmes pour penser un monde meilleur. Personne ne peut briser ou détruire cette unité surnaturelle. Entre Pentecôte et Babel, naissent des langues d'évangélisation pour ceux qui ne connaissent pas le Christ, mais aussi des langues de réconciliation avec ceux qui sont séparés de nous, tel qu'affirme le pape Benoit XVI :

> On ne grandit pas en connaissance en s'enfermant dans son propre ego, mais seulement dans une attitude de profonde humilité intérieure on devient capable d'écouter et de partager le « nous » de l'Église. Et de cette façon, il devient plus clair pourquoi Babel est Babel et la Pentecôte est la Pentecôte. Partout où les gens veulent s'ériger en Dieu, ils ne peuvent que s'opposer les uns aux autres. Au lieu de cela, partout où ils se placent dans la vérité du Seigneur, ils sont ouverts à l'action de son Esprit qui les soutient et les unit[124].

La Pentecôte en tant que renversement de Babel nous appelle à poursuivre la vraie paix et la réunion avec tous ces chrétiens maintenant séparés de nous par les schismes ; elle nous propose ainsi l'œcuménisme et le pluralisme religieux pour puiser tout ce qui est de bon à

---

[122] Gn 1, 8.

[123] Diocèse de Lille, *La tour de Babel*, Service de la Parole, Cahiers Évangile n° 161, septembre 2012.

[124] Pape Benoit XVI, *Homélie en la fête de la Pentecôte*, basilique du Vatican, 27 mai 2012.

l'avancement du royaume de Dieu dans le monde. Nous pouvons conclure avec les mots de Paul Arsenault : « La Pentecôte c'est le renversement de Babel. Elle est en union des cœurs, une unité dans la diversité, elle est l'opposé des divisions parmi les disciples pour savoir qui est le plus grand. Elle renverse la témérité des bâtisseurs de la tour de Babel quand nous échafaudons des projets téméraires et narcissiques »[125].

3.2 Éclairage de la réflexion biblique en rapport à la formation des couples en temps de COVID-19

La problématique de la notion de langue existe depuis la nuit des temps. Aujourd'hui encore, elle représente un enjeu de taille dans les sociétés. Elle débute avec l'égoïsme des hommes et des femmes. Dans le Livre de la Genèse, à l'encontre des bâtisseurs de Babel qui voulaient enfermer l'humanité dans une seule langue en vue de satisfaire leur propre caprice, Dieu dit ceci : « Allons ! Descendons ! Et là, confondons leur langage pour qu'ils ne s'entendent plus les uns les autres. Aussi la nomma-t-on Babel, car c'est là que Yahvé confondit le langage de tous les habitants de la terre et c'est de là qu'il les dispersa sur toute la face de la terre »[126].

Parallèlement à Babel, l'Esprit de Pentecôte transcende la frontière linguistique du milieu afin que tout être humain puisse accéder à la compréhension du royaume dans leur propre langue : « Au bruit qui se produisit, la multitude se rassembla et fut confondue : chacun les entendait parler en son propre idiome »[127]. La division des bâtisseurs de Babel autour de l'enjeu de langue, où l'un ne pouvait comprendre l'autre, conduit à la dispersion des cultures et s'ouvre vers un nouveau commencement : « Yahvé les dispersa de là sur toute la face de la terre et ils cessèrent de bâtir la ville »[128]. La mission de Dieu ne s'arrêtera jamais en chemin. Elle peut connaître des difficultés certes, mais même dans les moments les plus sombres de l'histoire, elle s'adaptera à de nouvelles pratiques pour accompagner de façon significative le monde. C'est en ce sens que le théologien Olivier Praud reconnaît que :

---

[125] Paul Arsenault, *Chemins d'évangile, un rendez-vous à l'intérieur*, Québec, Éditions RM, 2012, p. 192.
[126] Gn 11, 7 ; 9.
[127] Ac 2, 6.
[128] Gn 11, 8.

> Le temps du confinement a placé les communautés devant l'impossibilité de se rassembler ordinairement pour la prière communautaire et la célébration des sacrements. Afin de répondre au manque, de multiples initiatives pastorales sont apparues pour accompagner les fidèles, comme la relation entre communion et communion ecclésiale [...] à l'ère d'Internet, la dimension pascale et la dernière piste s'intéressent à la diversité de la « ministérialité » de la liturgie qui a été bousculée par le temps du confinement[129].

À la lumière de cette réflexion, l'équipe des formateurs de Montréal tient compte de la diversité culturelle et le milieu géographique pour accompagner les couples en temps de la COVID-19. Ils parlent joyeusement de ce qu'ils ont pu accomplir pendant ce temps de pandémie : « Par exemple, l'année dernière, nous avons eu un couple, la fille était à Montréal et son fiancé était au Nigeria. Il se connectait à chaque fois et il y avait des heures très différentes, mais il l'a fait. Et nous avions des couples du Texas, nous avions des couples du Michigan. Comme c'était vraiment amusant. Et même durant cette session, nous avions un couple d'Ottawa »[130]. Le Centre diocésain de Montréal transforme l'enjeu de la diversité culturelle en bénéfice pour les couples.

Entre Babel et Pentecôte, un paradoxe aussi clair soit-il frappé à nos yeux : À Babel, la communauté était divisée par un problème linguistique[131]. Pourtant à la Pentecôte, la communauté est unifiée en dépit que les langues soient différentes. La langue devient un outil d'unification communautaire. À ce propos, Saint-Luc dit : « Tous les croyants ensemble mettaient tout en commun »[132]. Cette réalité de communauté fraternelle est bien expliquée dans l'encyclique la *Mission du Rédempteur* du Pape Jean Paul II. Il affirme en ces termes : « L'Esprit incite le groupe des croyants à se constituer en communauté, en Église »[133]. Là où œuvre l'Esprit de Pentecôte, c'est la communion qui prend le dessus sur l'individualité, avec l'objectif spécifique de rassembler le peuple de Pentecôte pour écouter l'Évangile, pour la communion fraternelle, pour la prière et l'Eucharistie. Vivre la

---

[129] Olivier Praud, *Prier et célébrer au temps de la COVID-19 en France, Essai d'analyse et perspectives théologiques,* dans Lumen Vitae, Revue internationale de catéchèse et de pastorale, Fribourg/Louvain-la-Neuve/Montréal/Namur/Paris/Québec, janvier, février, mars 2021-1 vol. LXXVI, p. 52.
[130] P1, n° 42.
[131] Ac 2, 5.
[132] Ac 2, 46.
[133] Jean Paul II, *Redemptoris Missio, Lettre encyclique sur la valeur permanente du précepte missionnaire,* Rome, 7 décembre 1990, n° 26.

communion fraternelle, cela signifie n'avoir qu'un cœur et qu'une âme »[134]. En se manifestant au Cénacle, l'Esprit montre la richesse de la communauté ecclésiale au monde. Sur la manifestation de l'Esprit de Pentecôte, le Cardinal Suenens stipule : « l'Église devient aussitôt la cité sur la montagne qui ne peut demeurer cachée. L'Esprit envahit la parole, il ne balbutie pas, il parle clair. Tous comprennent, c'est le sens du miracle des langues. Cette parole qui unit et met les hommes et les femmes de ce temps devant leur responsabilité. L'Esprit dit l'unique parole que chacun comprend.

Différemment de l'esprit de division de Babel, le pape Jean Paul II disait que l'Esprit de Pentecôte instaure la communion à tous les points de vue : humain, spirituel et matériel : « De fait, la vraie communauté chrétienne s'engage à distribuer les biens terrestres pour qu'il n'y ait pas d'indigents et pour que tous puissent avoir accès à ces biens selon les besoins de chacun »[135]. L'Esprit de Pentecôte, en dehors de toute division, part d'une mission commune et intégrale telle que le Pape Paul VI l'a décrite pour sa part dans son exhortation apostolique *Evangelii Nutiandi* : « Avant même d'être une action, la mission est un témoignage et un rayonnement »[136]. Dans les premières communautés régnaient « l'allégresse et la simplicité de cœur »[137]. Ainsi, si dans l'événement de Babel la langue devenait un sujet de division, à la Pentecôte un sujet de compréhension.

D'ailleurs, au début du passage vers le mode virtuel, les formateurs étaient comme les bâtisseurs de Babel, ils n'entendaient que des sons inaudibles : « Vous savez, parfois les micros ne fonctionnaient pas, « peux-tu m'entendre » est devenu notre phrase préférée »[138]. Dans son encyclique, la *Mission du Rédempteur,* le pape Jean Paul II disait ceci : « L'Esprit saint, en effet, est le protagoniste de toute la mission ecclésiale »[139]. L'action de l'Esprit Saint ressort éminemment dans la mission vers les gens, comme on le voit dans l'Église primitive avec la conversion de Corneille[140], avec les décisions sur les problèmes qui se

---

[134] Ac 4, 32

[135] Jean Paul II, *Redemptoris Missio, Lettre encyclique sur la Mission du Rédempteur*, n° 26.

[136] Cf. Paul VI, *Exhortation apostolique Evangelii nuntiandi,* nn. 41-42.

[137] Ac 2, 46.

[138] P1, n° 18.

[139] Jean Paul II, *Lettre encyclique Redemptoris Missio sur la valeur permanente du précepte missionnaire*, Vatican, n° 21, 7 décembre 1990.

[140] Cf. Ac 10

font jour[141] avec le choix des territoires et des peuples[142]. L'Esprit agit par les Apôtres, mais il agit en même temps dans les auditeurs. Par son action, la Bonne Nouvelle pénètre dans les consciences et dans les cœurs humains et se diffuse dans l'histoire. En tout cela l'Esprit donne la vie. Et l'équipe des formateurs ont reçu cette vie, ils l'ont partagé aux couples, qui malgré la pandémie peuvent dire qu'ils ne se sentent pas abandonnés par le Centre diocésain : « On s'est rendu compte qu'il y avait un A plus à cela, c'est que les couples avaient très soif d'être avec d'autres personnes, à cause du confinement. Bien que ce soit en ligne, ils ont trouvé cette amitié et cette camaraderie entre eux »[143].

À cette enseigne, si à la Pentecôte, les gens entendaient dans leur propre langue : « Nous les entendons publier dans notre langue les merveilles de Dieu »[144] ; durant le confinement, il y a une prise de conscience que la formation virtuelle peut-être tout aussi importante que le mode présentiel, au point que ceux qui ne parlent pas français peuvent accéder au même contenu en leur propre langue, tel qu'affirment les formateurs : « En fait, cette année, le Centre propose également des activités en français et une autre en anglais »[145].

Le prophète Joël l'avait déjà demandé à ses contemporains qui se gargarisaient de belles paroles. Ils étaient des disciples découragés, peureux de la persécution et des scènes de violences de leur temps. Cette Pentecôte se vit dans l'intimité du Christ ressuscité, dans l'âme d'une effusion intime pleine de la suavité et de la douceur du souffle divin. Elle est aussi vécue, visible dans l'esprit créatif des formateurs au service des couples en formation durant la pandémie. Paul Arsenault affirme en ces termes : « L'Esprit Saint ne cherche pas à nous ensorceler dans des vibrations, des transes ou des attitudes excentriques. Sans lui, tout est ténèbres, nous ne pouvons rien faire. Avec lui tout est lumière »[146].

D'autres encore disaient en se moquant : « Ils sont pleins de vin doux ! Non, ces gens ne sont pas ivres, comme vous le supposez ; ce n'est d'ailleurs que la troisième heure du

---

[141] Cf. Ac 15
[142] Cf. Ac 16, 6-8.
[143] P1, n° 22.
[144] Ac 2, 11.
[145] P1, n° 90.
[146] Paul Arsenault, *Chemins d'évangile, un rendez-vous à l'intérieur*, Québec, Éditions RM, 2012, p.192.

jour »[147]. Malgré l'Esprit qui manifestait et portait les gens à parler en langue, on se moquait d'eux. Il fallait attendre le discours de Pierre pour redresser la barre. Sur ce, le Cardinal L. J. Suenens affirme : « La présence de l'Esprit apparaît au monde comme ivresse et folie. C'est précisément cette moquerie du monde qui sera le signe toujours renouvelé que l'Église est sur le bon chemin. Ce signe est plus clair que les applaudissements du monde. Là où l'Église se réfugie dans l'invisibilité, elle méconnaît la réalité de l'Esprit »[148]. Au Centre diocésain de Montréal, les formateurs étudient la possibilité de rendre l'accompagnement plus accessible aux couples qui ont de la difficulté à suivre en raison de langue non familière.

3.3 La résilience de l'équipe des formateurs de Montréal

On doit être courageux pour faire la formation des couples en plein temps de pandémie. Pendant que d'autres diocèses étaient fermés, l'équipe des formateurs de Montréal avance avec enthousiasme pour proposer une formation adaptée en temps de pandémie. Ils affirment : « La plupart des diocèses ont fermé la préparation au mariage pendant la pandémie, mais dans l'archidiocèse de Montréal nous avons tenu à la faire, grâce à la force de l'équipe »[149]. Les Actes des Apôtres nous mettent en présence d'une fraternité de chrétiens, disciples de Jésus étroitement unis entre eux, parfois jusqu'au partage des biens. Le cardinal Suenens dit que les premiers chrétiens, ces trois mille convertis qui au matin de la Pentecôte, accueillent la parole de Pierre et des apôtres, apparaissent dans les Actes des Apôtres comme : « Une communauté apostolique, assidue à l'enseignement des Apôtres, une communauté fraternelle soutenue par des réunions et des contacts multiples ; une communauté célébrant le mémorial du Seigneur, jusqu'à ce qu'il revienne ; une communauté de prière, se retrouvant au Temple au début, et plus tard qu'entre eux »[150]. Ils ont fait tout cela avec joie, tel que le Livre des Actes des Apôtres raconte la joie de la première communauté chrétienne : « Ils prenaient leur nourriture avec allégresse »[151].

---

[147] Ac 2, 13 ; 15.
[148] Cardinal Léo Joseph Suenens, *Une nouvelle Pentecôte*, France, Desclée de Brouwer, 1974, pp. 170-171.
[149] P2, n° 117.
[150] Cardinal Léo Joseph Suenens, *Une nouvelle Pentecôte*, France, Desclée de Brouwer, 1974, p.160-161.
[151] Ac 2, 46.

Pour ainsi dire, la pratique d'accompagnement des couples en temps de COVID-19 à Montréal est une expérience fondamentale qui est vécue à la dimension de celle des apôtres confinés au cénacle. Dans cette même lignée, les formateurs s'en réjouissent : « C'est un exercice qui se fait dans l'amour. Nous aimons les couples que nous formons »[152]. Les formateurs montrent aussi leur qualité de bons pédagogues à la dimension du divin Maître (Jésus) qui accentuent davantage sur l'apprenant que le matériel à transmettre. Ils stipulent : « Donc, pour nous, c'était assez amusant avec tout le truc de Zoom et de changer le format pour qu'il soit davantage axé sur l'apprenant et pour passer de la formation pure à la transformation »[153]. Car il était impossible de faire comme avant. Les formateurs cherchent à donner l'essentiel afin d'adapter la formation au besoin des couples : « Il nous est impossible de faire de cours pendant trois heures sur Zoom. Nous pouvons, mais ça fatigue les couples et leur plonge en sommeil »[154].

S'inspirant de l'esprit du partage qui existe entre les Apôtres, les formateurs du Centre diocésain ont hâte de reprendre la nourriture ensemble une fois que la situation retourne à la normale. En dépit du confinement, les formateurs affirment que partager de la nourriture avec les couples est indispensable : « Il n'y a rien de tel que le vrai face-à-face, les yeux dans les yeux, l'interaction humaine, partager de la nourriture et une tasse de café ensemble, il n'y a rien de plus beau. Le face-à-face connaît juste l'équivalent en ligne. Donc, je pense qu'à un moment donné, nous profiterons de ces occasions, dès que nous serons autorisés à nous remettre ensemble. C'est juste un acte très humain de partager de la nourriture ensemble, de se sourire et vous savez, serrer la main et il n'y a rien de tel »[155]. Par ces mots, l'équipe des formateurs partage une réalité similaire que le pape François décrit dans son ouvrage « *Let us dream* »[156]. En parlant de la nécessité de la communication fraternelle qui est restreinte avec les normes de la distanciation sociale, il rêve que tout le monde puisse se rencontrer pour donner la main au retour normal de la situation.

La distanciation sociale n'est qu'une réponse nécessaire à une pandémie, mais elle ne peut durer sans éroder notre humanité. Nous sommes nés non seulement

---

[152] P3, n° 118.
[153] P3, n° 106.
[154] P3, n° 30.
[155] P3, n° 94.
[156] Pope Francis, *Let us dream, The path to a better future,* New York, Simon & Schuster, 2020.

pour la connexion, mais aussi pour le contact. Il est risqué de dire cela parce que je pourrais être mal compris, mais la communication dont nous avons besoin est le toucher. Le coronavirus nous a fait craindre de serrer dans nos bras et de serrer la main des gens. Nous apprécions beaucoup le toucher de ceux que nous aimons et que nous devons parfois nous abandonner pour leur bien et le nôtre. Le toucher est un besoin profondément humain[157].

Au moment où les formateurs du Centre diocésain de l'archidiocèse de Montréal expriment leur besoin de rencontrer les couples face à face pour des moments de retrouvailles, le pape François de son côté sympathise avec les enfants aveugles dans le monde pour qu'ils puissent le voir seulement par le toucher. Il dit en ces mots : « Le toucher est le seul sens que la technologie n'a pas encore supplanté. Aucun appareil ne pouvait permettre à ces enfants aveugles de me voir aussi clairement qu'ils le faisaient avec leurs mains. La communication est plus que la connexion et est plus fructueuse là où ce sont des liens de confiance, de communion et de fraternité à la présence physique »[158]. Rester motivé pour accompagner des couples au mariage durant la COVID et se composer avec toutes les normes du gouvernement fait appel à une grande capacité de résilience. Bien que c'est difficile, le besoin de se réunir en personne mérite des réponses humaines qu'il faut analyser avec soin dans ce contexte de pandémie mondiale. Ainsi, le drame de la pandémie n'est-il pas ouvert sur une fenêtre de fécondité évangélisatrice ?

3.4 Fécondité évangélisatrice en temps de confinement mondial

Dans son exhortation apostolique sur *la Joie de l'Évangile dans le monde d'aujourd'hui*, le Pape François stipule : « Une annonce renouvelée donne aux croyants, même à ceux qui sont tièdes ou qui ne pratiquent pas, une nouvelle joie dans la foi et une fécondité évangélisatrice »[159]. Durant l'entrevue avec les formateurs du Centre diocésain de l'archidiocèse de Montréal, le chercheur de la pratique étudiée a été un témoin virtuel de cette fécondité évangélisatrice qu'annonce le pape François dans les lignes précédentes. Les formateurs ont témoigné du support constant qu'ils ont donné aux couples durant la

---

[157] *Id,* « Let us dream… », p. 23.

[158] *Id.,* « Let us dream… », p. 23.

[159] Pape François, *Exhortation apostolique sur la joie de l'Évangile dans le monde d'aujourd'hui,* donné à Rome, près de Saint-Pierre, à la conclusion de l'Année de la foi, le 24 novembre 2013, Solennité de Notre Seigneur Jésus Christ, Roi de l'Univers, en la première année de son pontificat.

COVID-19. Selon les formateurs, grâce à la formation en ligne, ils ont pu rassembler les personnes qui ne peuvent pas se rencontrer autrement.

> Et bien sûr, pendant la pandémie, ce qui était bien, c'était de savoir que nous n'étions pas seuls, car, lorsque la pandémie s'est produite, il y a eu comme un arrêt de tous les plans, n'est-ce pas ? Je devais me marier le 4 juillet 2020. Donc le simple fait de savoir que quelqu'un offrait toujours la préparation au mariage était très rassurant. Donc, nous n'étions pas seuls là-bas. Nous n'avions aucune idée quand cela allait arriver, mais ils nous soutenaient. Par conséquent, ils partageaient leurs expériences et tout ça. Donc, vous aviez l'impression de continuer à vous préparer pour le mariage, même si vous n'y étiez pas encore. Et vous n'aviez aucune idée de quand vous seriez encore là, mais c'était vraiment une bénédiction[160].

Le terme bénédiction évoquée par la participante dans la collection des données est comparable à la joie rayonnante que les Apôtres ont expérimentée le jour de la Pentecôte. L'auteur des Actes des Apôtres nous conduit à découvrir cette joie surabondante dans l'espérance d'une vie nouvelle : « Aussi mon cœur s'est-il réjoui et ma langue a-t-elle jubilé ; ma chair elle-même reposera dans l'espérance »[161]. Là où l'Esprit saint est à l'œuvre, il n'y a plus de place pour l'inquiétude. Il est l'Esprit de science qui inspire et rassure les enfants de Dieu rassemblés pour agir au nom de l'Église dans le monde. L'évangéliste Jean rapporte : « Maintenant que Jésus s'en va, il envoie un autre paraclet du ciel à sa place pour que les disciples ne restent pas sans défense comme s'ils étaient des orphelins »[162]. C'est toujours une grande joie pour un gardien de but d'avoir les meilleurs défenseurs avec lui. Sur ce l'on peut reprendre la métaphore du hockey : « C'est à notre tour d'embarquer sur la glace et de le faire sans crainte puisqu'on a le meilleur défenseur avec nous »[163]. Ce meilleur défenseur est l'Esprit de Pentecôte.

L'Esprit saint est à l'œuvre dans la formation des couples en ligne. Son irruption dans le chantier de formation a inspiré aux formateurs une plateforme sur laquelle les couples se sentent plus confortables pour communiquer et poser des questions délicates. C'est comme si le présentiel cachait en quelque sorte une certaine richesse qui vient d'être mise en lumière par la formation virtuelle occasionnée par la COVID -19 et le confinement

---

[160] P4, n° 38.
[161] Ac 2, 26.
[162] Jn 14, 17.
[163] Tiburtius Fernandez, *Homélie pour l'année C*, Rome, SMA Publications, 2021, p. 95.

mondial. Le témoignage d'une participante lors de l'entrevue confirme cette approche en ces termes : « Être ensemble apporte tout ce que vous avez dit. Il y a aussi quelque chose que nous n'avons pas mentionné… c'est qu'en ligne… certains couples se sentent plus anonymes. Ainsi, il est plus facile de poser une question pour discuter, qu'ils n'auraient peut-être pas demandé devant tout le monde si c'était en personne. Alors, c'est aussi un peu comme se sentir plus libre de poser une question sur les choses qui les dérangent, ou vous savez dans le chat, ouais »[164]. Peut-être que l'humanité peut ouvertement décrier les dégâts causés par la COVID -19, ses conséquences malencontreuses sur la vie humaine, l'économie, l'éducation, la santé, l'Église, ses sacrements et sur toutes les sphères de la société. Mais au-delà de cette pandémie, l'esprit s'éveille à un niveau exponentiel pour découvrir la richesse de la formation par visioconférence, qui aujourd'hui rapproche l'humanité derrière une caméra sans frontière.

Les Apôtres pour leur part souhaitaient avoir la présence de Jésus pour toujours à leur côté. L'Ascension du divin Maître au ciel les a affectés au plus profond de leur être. Mais ce départ va les faire grandir davantage en maturité, les doter des dons surnaturels venant de l'Esprit de Pentecôte pour continuer la mission de manière renouvelée. Jésus leur dit : « Je prierai le Père et il vous donnera un autre Paraclet, pour qu'il soit avec vous à jamais. Mais le Paraclet, l'Esprit saint, que le Père enverra en mon nom, lui, vous enseignera tout et vous rappellera tout ce que je vous ai dit »[165]. L'Esprit viendra sur les disciples réunis au Cénacle le jour de la Pentecôte et les disposera à travailler à l'ère d'un nouveau commencement. À ce propos, l'exégète Paul Arsenault reprend les paroles de Monseigneur Ignace Hazim : « Avec l'Esprit saint, le cosmos est soulevé et gémit dans l'enfantement du Royaume, l'être humain est en lutte contre la chair, le Christ ressuscité l'Évangile est puissance de vie, l'Église est une communion, l'autorité est un service, la mission est une Pentecôte, la liturgie est un mémorial et une anticipation, l'agir humain est défié »[166].

---

[164] P4, n° 98.
[165] Jn 14, 16 ; 26.
[166] Paul Arsenault, *Chemins d'évangile, un rendez-vous à l'intérieur*, Québec, Éditions RM, 2012, p.192.

Le vent souffle où il veut[167]. La formation en ligne dépasse le présentiel pour compléter ce qui lui a été manqué avant la COVID-19. Et cette pandémie a incité le Centre diocésain à mettre en place une session en ligne post-covid pour les cas d'exception : « Si jamais j'ai un peu plus de temps, j'adorerais suivre ces sessions et construire un programme d'apprentissage en ligne pour les gens »[168]. L'action de l'Esprit saint est toujours libre ; c'est une action imprévisible qui n'agit pas selon le caprice d'une règle définie, mais suscitant, selon l'occasion et d'une manière très remarquable, des témoins spécifiques. Grâce au souffle de l'Esprit saint, les Apôtres ont accompli des choses extraordinaires qui étonnent le monde, tel fut déclaré dans le livre des Actes : « La crainte s'emparait de tous les esprits : nombreux étaient les prodiges et signes accomplis par les Apôtres »[169]. Cette Pentecôte fait son chemin au milieu des couples même en temps de pandémie à Montréal.

Dans sa significative réflexion sur une crise pour vous découvrir la vocation des familles comme églises domestiques, Pascaline Lano affirme que : « De manière moins dramatique, le confinement a été un temps où chacun a davantage pu découvrir la valeur de toutes les vertus qui s'apprennent en couple avec le temps : courtoisie, bienveillance, humour, ponctualité, politesse, délicatesse, désintéressement, pardon, gratuité, serviabilité, attention aux autres, partage, bonté, etc. »[170]. Chacun a découvert qu'il avait sa part de responsabilité pour combattre la pandémie. L'entraide au-delà du cercle familial est apparue également essentielle, c'est la parabole du jugement dernier qui peut finalement inspirer tous les engagements possibles politiques sociaux ou de charité. Après 2000 ans de fondation, l'Esprit de Pentecôte ne s'arrête pas d'œuvrer dans son Église. Il fait des formateurs de Montréal des témoins renouvelés dans le mode d'accompagnement des couples. L'Esprit de Pentecôte se manifeste autrement, il a permis aux formateurs du Centre diocésain de faire l'expérience de l'étonnement dans la formation en ligne auprès des couples en temps

---

[167] Jn 3, 8.
[168] P3, n° 101.
[169] Ac 2, 43.
[170] Pascaline Lano, *Une crise pour vous découvrir la vocation des familles comme églises domestiques,* dans Lumen Vitae (Revue internationale de catéchèse et de pastorale), *La crise de la COVID et ses impacts en pastorale,* Fribourg/Louvain-la-Neuve/Montréal/Namur/Paris/Québec, janvier, février, mars 2021-1, vol. LXXVI, p. 81-82.

de pandémie et de confinement mondial. Un étonnement qui les pousse à voir un bien dans un évènement dramatique.

« Est-ce un échec de faire la formation en ligne ou comptez-vous retourner à la formation présentielle post-COVID-19 »[171] ? Les formateurs répondaient qu'il y a tellement d'avantages à la faire en ligne, ils ne s'arrêteront pas en chemin. Leur étonnement c'est qu'ils sont amenés à une prise de conscience que la formation virtuelle peut-être tout aussi significative que la modalité présentielle. Les couples aussi en profitent pour se défaire des appréhensions du passé. À ce propos, on peut reprendre les paroles de Pascaline Lano : « Le confinement a mis en lumière que toutes les activités habituelles de la vie de famille peuvent être un lieu de témoignage : partage des tâches domestiques, chacun selon ses forces, cuisine, ménage, accompagnement scolaire, mais aussi jeux, jardinage, soins réciproques »[172]. On pourrait appeler cette expérience innovation spirituelle de l'Esprit.

Avec l'Esprit de Pentecôte, toutes les choses sont devenues nouvelles. Une nouveauté que l'Église chante dans la réponse au psaume 103 du psalmiste David : « Ô Seigneur, envoie ton Esprit, qui renouvelle la face de la Terre »[173]. Cette nouveauté venant de l'Esprit a permis au Centre diocésain de redécouvrir la beauté de la formation du mariage sur une autre facette. Peu avant le déconfinement à Montréal, les formateurs voulaient faire rencontrer les couples dans une messe en présentiel. Leur témoignage a été exaltant :

La façon dont nous accueillons les couples et c'est la première fois qu'ils retournent dans un établissement d'église. L'un des commentaires que nous avons reçus une fois était amusant : « Ce n'est pas du tout ce à quoi nous nous attendions. Nous avons vraiment apprécié cela. Nous pensions que ça allait être très sombre, donné par beaucoup de prêtres en col Romain et nous disant à quel point nous étions mauvais. Donc, avoir une liste impressionnante, c'est définitivement un bonus ! Rire »[174]. L'avantage qu'il y a dans cela

---

[171] C. n° 91.
[172] Pascaline Lano, *op. cit.,* p. 77-78.
[173] C'est le refrain du psaume 103 du psalmiste David, qui est chanté à l'occasion de la fête de la Pentecôte dans l'Église catholique.
[174] P1, n° 100.

c'est que les couples ont apprécié l'accueil qu'ils ont eu à l'église, malgré les appréhensions qu'ils avaient. En un mot, comment sont corrélées Pentecôte et formation en ligne ?

3.5 Au-delà des frontières culturelles se corrèlent Pentecôte et formation en ligne

Selon Charles L'Applentier : «Les douze ne seront pas les seuls à vivre l'événement, comme ils n'étaient pas seuls à l'attendre dans la prière »[175]. Saint-Luc nous parle des gens issus de 17 nations qui attendaient la Pentecôte : « Parthes, Mèdes et Élamites, habitants de Mésopotamie, de Judée et de Cappadoce, du Pont et d'Asie, de Phrygie et de Pamphylie, d'Égypte et de cette partie de la Libye qui est proche de Cyrène, Romains en résidence, tant juifs que prosélytes, Crétois et Arabes, nous les entendons publier dans notre langue les merveilles de Dieu »[176]. Dans cette même optique, l'exégète Achille Degeest souligne deux choses importantes : la première c'est que l'Esprit Saint ouvre la communauté apostolique à tous les peuples. Même au dernier jour de Jésus sur terre, les disciples espéraient toujours un privilège spécial du royaume messianique réservé aux Juifs. La venue de l'Esprit saint transforme les Apôtres. Ils deviennent conscients de leur mission, leur responsabilité d'annoncer la Bonne Nouvelle au monde entier. Ils réalisent que la bonne nouvelle à un langage universel compris par tous les peuples sans discrimination, quelle que soit leur civilisation ou leur culture. La double explication que l'exégète Achille Degeest a donnée sur la conception des Juifs par rapport à la Bonne Nouvelle est pertinente. Elle traverse des millénaires pour aider à découvrir qu'avant la COVID-19, aucun des formateurs du Centre diocésain de Montréal n'avait eu à l'idée que la formation des couples au mariage traverserait ses frontières. Pourtant, depuis la pandémie, un exemple palpable se trouve devant nos yeux avec des couples un peu partout à travers le monde qui se sont inscrits pour la formation par visioconférence.

La deuxième considération de Achille Degeest est faite sur l'Esprit saint, donné aux Apôtres rassemblés dans un même lieu. L'Esprit continue de manifester sa présence dans l'Église, dans les assemblées. Jésus a intimé l'ordre aux disciples de l'attendre en assemblée pour recevoir l'Esprit Saint. Dans l'Église notre vie spirituelle a beaucoup d'importance, c'est désormais dans l'Église que nous sommes enseignés, nourris, sanctifiés

---

[175] Charles L'Eplattier, *Commentaires le livre des actes*, Paris, Centurion/Novalus, 1994, p.33.
[176] Ac 2, 9-11.

par l'Esprit. Comme membres de l'Église, c'est le corps du Christ qui reçoit l'Esprit Saint. L'Esprit vient à chaque personne individuellement.

Dans ce travail de recherche, il y a lieu de souligner la forte similarité qui existe entre la formation des couples en ligne à Montréal et la Pentecôte. Tel qu'il est décrit précédemment les 17 tribus présentées à la Pentecôte aux versets 9 à 11 du Livre des Actes, la formation des couples à Montréal dépasse le niveau local, provincial et national pour former la communauté des futurs mariés éparpillés à travers le monde par visioconférence. Durant l'entrevue, les formateurs ont parlé avec enthousiasme de la présence des couples qui participent à la formation en ligne depuis leur pays : « L'année dernière, nous avons eu des couples vivant à Montréal et leurs fiancés étaient en Amérique latine qui participaient à la formation à distance. Cela nous a réjoui le cœur »[177].

À la manière de la Pentecôte qui rassemblait les 17 nations, la formation des couples en ligne permet la participation des couples réunis bien qu'ils habitent deux pays différents et les formateurs supportent les couples constamment. Sur ce, les formateurs rapportent : « Nous demandons que les deux partenaires du couple soient présents pour recevoir le certificat. Dans le cas contraire, nous demandons à toute personne ne pouvant assister à une autre session que ce soit dans son pays d'origine ou à une autre date. Dans ce cas, le certificat ne sera écrit qu'à la personne qui a suivi le cours avec nous »[178]. La formation en ligne rassemble les personnes qui ne peuvent pas se rencontrer en présentiel, tel que l'Esprit de Pentecôte fait rencontrer les 17 tribus dans l'unité de cœur et d'âme. Les couples peuvent être présents à la formation même s'ils proviennent ou habitent des villes ou des endroits différents. C'est une formation intégrale qui transcende le simple milieu géographique de l'archidiocèse de Montréal, pour s'ouvrir aux hommes et aux femmes vivant des pays et cultures différents à participer à la formation en ligne, quelle que soit leur localisation géographique. Les formateurs disent : « Et nous, dans le passé, même lorsque nous sommes en personne, nous n'avions pas parfois des cas pareils. Nous avions quelqu'un qui étudiait à Montréal, mais son fiancé était en Inde. Il suivait le cours en Inde

---

[177] P1, n° 42.
[178] P1. n° 53.

et achetait un billet pour venir ici. Et c'était bien, parce que parfois les couples suivaient le cours en même temps et ils comparaient leurs notes. Alors, c'était amusant »[179].

Pour Saint-Luc, le miracle de la Pentecôte est un signe de l'universalité de l'Évangile que les gens de toutes les cultures peuvent recevoir et comprendre. Dans la même lignée, Charles L'Eplattier stipule : « Le miracle de la Pentecôte met en clair le mythe de Babel comme étant un signe de division de l'humanité. La voix de Dieu s'articulait dans le dialecte habituel aux auditeurs »[180]. Les versets 2-3 du chapitre 2 des actes des apôtres sont rédigés en référence à l'événement du Sinaï où Dieu descend dans le feu et le bruit du tonnerre. Le bruit causé par l'irruption de l'Esprit provoque un grand rassemblement. L'Esprit Saint est un feu et sa mission première sera de faire parler ceux qui le reçoivent. Ils parlent en langues étrangères identifiables. L'insistance sur la totalité par les expressions tous ensemble, toute la maison, tous remplis de l'Esprit Saint, évoque toutes les nations qui sont sous le ciel (voir verset 5) donc l'universalité du monde non juif. Marie-Noëlle Thabut affirme : « La loi de contrainte n'a plus sa raison d'être, une seule loi suffit, tu aimeras Dieu et ton prochain comme toi-même »[181]. Par la formation en ligne, les couples de lointain sont devenus proches. L'amour peut tout faire.

Greffé sur le signe d'universalisme de l'amour opéré à la Pentecôte, le Centre diocésain de Montréal s'est doté d'un outil pastoral efficace pour répondre aux besoins des couples confinés. Cette nouveauté dans la formation des couples à Montréal rejoint tant de couples éparpillés ici et à l'étranger. En ce sens, « l'Église au cœur du monde doit être sel et lumière de la terre »[182]. Nous pourrions demander cette question, quelle sera l'orientation de la pastorale du mariage post-COVID ?

Dans cette optique, le cardinal Suenens stipule : « Il fallait être plusieurs pour être intelligents »[183]. Dans le cas des formateurs en expérience pastorale en temps de pandémie à Montréal, on peut dire qu'il fallait être plusieurs pour passer de la formation en présentiel

---

[179] P1, n° 54.
[180] Charles L'Eplattier, *Commentaires le livre des actes*, Paris, Centurion/Novalus, 1994, p.30.
[181] Marie-Noëlle Thabut, *L'intelligence des Écritures*, B temps privilégiés, Magny-les-Hameaux, Édition Soceval, 2004, p. 312.
[182] Cf. Mt 5, 13.
[183] Cardinal Léo Joseph Suenens, *Une nouvelle Pentecôte*, France, Desclée de Brouwer, 1974, p. 164.

au virtuel. Et ça prend des esprits proactifs, des personnes qui connaissent la technologie du changement pour travailler en synodalité vers une finalité qu'est la vie chrétienne renouvelée tel que le Cardinal Suenens la décrit : « La vie chrétienne permet à l'Esprit d'édifier l'Église en nous dans la diversité et la convergence de ses dons complémentaires. Parce que le propre des charismes c'est la manifestation de l'Esprit en vue du bien commun. La première garantie de leur authenticité sera des contrôles mutuels, la critique interne, le discernement commun qui enrichit la communauté et harmonise les contraires »[184]. Comme les Apôtres au cénacle, les formateurs de Montréal, bien qu'en petit nombre ont su garder cette harmonie leur permettant de continuer la formation des couples en ligne en dépit des défis.

Si la mission était axé sur le nombre, les douze Apôtres seraient insuffisants pour vulgariser le christianisme au monde à l'ère zéro de la technologie. De plus, si la mission se faisait seulement autour d'une table, après la Pentecôte, les Apôtres resteraient confiner au Cénacle, alors que l'Esprit leur disposait suffisamment de force pour aller annoncer la Bonne Nouvelle à toutes les nations. Au fait, faire la préparation du mariage est aussi une pastorale de la mission dans l'Église. À l'exception qu'avec la pandémie de la COVID-19, nous apprenons que cette pastorale peut se faire autrement. C'est-à-dire, dépendamment des circonstances, on peut être missionnaire sans déplacer comme la petite Thérèse de l'enfant Jésus[185] (patronne de la mission, alors qu'elle priait dans sa chambre pour la mission sans jamais s'être déplacée).

En ce sens, le Centre diocésain de Montréal devait accepter de se déranger, en plus de se désorganiser pour apprendre une nouvelle manière d'enseigner un programme qu'ils ont

---

[184] *Idem.* p.164.

[185] Le 19 octobre 1997, le pape Jean-Paul II, à l'occasion de la Journée mondiale pour les Missions, a déclaré Sainte Thérèse de l'Enfant Jésus Docteur de l'Église. C'est le plus jeune docteur de l'Église, le 33e et la 3e femme dans l'absolu et dans ce siècle, après sainte Thérèse d'Avila, carmélite déchaussée comme elle, et sainte Catherine de Sienne, tertiaire dominicaine, toutes deux proclamées docteurs de l'Église par le pape Paul VI en 1970. Jeune, femme, moniale, n'ayant jamais étudié la théologie : tels sont les paradoxes que ce doctorat souligne et que Jean-Paul II évoque tout au long de ces deux jours. Le pape a rappelé aux jeunes la « petite voie » de la sainte : « Thérèse nous a laissé en testament la voie simple et sûre de l'amour plein de confiance en dieu. Elle l'appelait "la petite voie", a-t-il expliqué, parce que celle-ci est ouverte à ceux qui, comme le dit Jésus, savent se faire "petits", c'est-à-dire humbles et simples. C'est en fait la voie de l'abandon confiant dans les mains de Dieu, contant plus sur Lui que sur ses propres forces. Un exemple que le pape a proposé à nouveau aux jeunes, comme il l'avait fait à Longchamp, devant un million de jeunes du monde entier.

maîtrisé depuis plusieurs années. Avec la COVID, ils ont dû s'ajuster, se déranger pour arranger les autres. C'est là que prend chair une pastorale de préparation du mariage désintéressée. Une pastorale qui bouscule les acteurs à développer l'esprit d'abnégation de soi, à mourir à leur moi égocentrique pour offrir aux couples un accompagnement aux contraintes du moment. Mais cela a un prix. Le prix est la difficulté d'adapter les outils pour leur passage en ligne, alors que le Centre diocésain de Montréal n'était pas préparé à ce changement.

Ainsi, comme dans tout drame, on peut tirer un bien, fallait-il le coronavirus pour que le Centre puisse découvrir qu'il existe d'autres moyens d'accompagner les couples en dehors du cadre présentiel. Toutefois, la pandémie semble bien le leitmotiv qui a conduit les formateurs vers d'autres horizons possibles. Selon Nona Jones, depuis la pandémie de la COVID -19, Google utilise l'expression *église en ligne*[186]. Cela signifie que les gens cherchent activement sur Internet pour se connecter avec la communauté. L'affirmation de Nona Jones par rapport à la nouvelle manière dont beaucoup de personnes sont allées à l'église en temps de pandémie rejoint l'affirmation de l'équipe du Centre diocésain : « Cela arrive parfois. Nous avons des couples d'Edmonton qui participent actuellement à la session de novembre, mais P3 fait référence au diocèse de Toronto qui offre un très bon programme de préparation au mariage en ligne. Donc, si l'horaire du diocèse de Montréal ne marche pas pour eux, nous les référons souvent à Toronto. Il s'agit d'une session d'apprentissage en ligne, purement en ligne »[187]. En dépit de la prudence de l'Église à l'usage du Web, Nona Jones ainsi que les formateurs du Centre diocésain trouvent qu'il est important d'en faire usage du bon côté.

L'Internet aide les couples à s'ajuster aux restrictions des normes établies par la Santé publique tout en restant connectés à la formation en ligne. Sur ce, Nona Jones stipule que : « Internet n'est pas seulement la chose que les gens font, c'est l'endroit où les gens vivent, en particulier les générations du millénaire et de la génération Z »[188].

---

[186] Nona Jones, *From social media to social ministry,* Michigan, Zondervan Reflective, 2020, p.12.
[187] P1, n° 102.
[188] Des générations qui n'ont connu qu'une vie avec Internet et les médias sociaux. Des générations qui ne réalisent pas souvent que vous pouvez appeler des personnes sur un smartphone. Des générations qui

Dans un discours fraternel, l'apôtre Pierre dissipait les ténèbres de son ignorance, pour se mettre au diapason de l'histoire de son temps. Il comprenait l'urgence du moment pour dire une parole d'importance qui pouvait atteindre les gens d'alentour et des lointains : « Car c'est pour vous qu'est la promesse, ainsi que pour vos enfants et pour tous ceux qui sont au loin, en aussi grand nombre que le Seigneur notre Dieu les appellera »[189]. Pierre avait un discours de rassembleur qui ouvre et inaugure le temps pastoral. En plus de l'inauguration du temps pastoral, Pierre montre que si c'était aujourd'hui, il toucherait une plus grande partie de l'humanité par visioconférence. Donc, il serait ouvert à rencontrer les gens en ligne.

L'héritage pastoral légué par Pierre à l'Église a été bien saisi par le Centre diocésain pendant la pandémie. L'équipe n'a pas craint d'habiter les réseaux sociaux pour former et informer les couples sur leur responsabilité dans l'Église d'aujourd'hui et demain. Au contraire, l'équipe des formateurs célèbre la compétence de ses membres, qui par leur talent ont pu opérer le changement vers le virtuel : « Nous avions besoin de quelqu'un comme P3 qui avait la technique, le savoir-faire et la confiance. Il a tout de suite mis en place et a fait le lien avec les gens avec leur webcam »[190]. Ce mode de déplacement virtuel invite l'Église dans sa pastorale de mariage d'aller vers les couples dans des contextes assez particuliers comme la pandémie au lieu de les attendre. Dans son décret *Ad Gentes*, le concile Vatican II stipule :

> L'Église, envoyée par le Christ pour révéler et communiquer l'amour de Dieu à tous les hommes et à toutes les nations, est consciente qu'il lui reste encore une tâche missionnaire gigantesque à accomplir. Car le message de l'Évangile n'a pas encore, ou à peine, été entendu par deux millions d'êtres humains (et leur nombre augmente chaque jour), qui sont constitués en groupes nombreux et distincts par des liens culturels permanents, par des traditions religieuses anciennes et par des liens solides de nécessité sociale[191].

---

s'assiéront autour de la table du dîner pendant la soirée avec des amis, tandis que chacun est sur son propre téléphone, sans parler à personne d'autre. Être seul ensemble. Si l'expérience de l'Église continue à se limiter à une adresse physique que vous visitez, pendant que la génération d'aujourd'hui vit en ligne, les tendances ne feront qu'empirer. Nona Jones, *From social media to social ministry, Michigan*, Zondervan Reflective, 2020, p. 12.
[189] Ac 2, 39.
[190] P2, n⁰ 116
[191] *Ad Gentes, Décret sur l'activité missionnaire de l'Église*, Paris, Éditions du Centurion, 1967, n⁰ 10.

Aujourd'hui, en dehors d'une philosophie du nombre, l'objet de la préparation des couples suppose d'être suffisamment équipé à tous les niveaux pour accompagner les couples partout et en toutes circonstances. C'est pour cela l'Église est-elle interpellée à l'innovation de sa pastorale, où les couples se sentent accompagner dans les moments les plus désastreux de l'histoire, comme le Centre diocésain de Montréal l'a fait. Elle doit creuser des brèches nouvelles pour mieux servir les couples. Durant la COVID, un formateur a indiqué que les couples ont été nostalgiques du présentiel, mais l'urgence pastorale du moment les a forcés d'aller en ligne : « C'était donc un problème majeur de ne pas être en personne, donc de ne pas les avoir dans le contact physique que l'interaction en tête-à-tête en se regardant dans les yeux »[192]. Toutefois, la nostalgie évoquée n'allait pas durer en raison du confort qu'ils ont trouvé dans l'interaction avec les autres en ligne. Cela nous porte à comprendre qu'il n'est pas facile de sortir de sa routine, mais une fois sorti, ça vaut la peine. L'ouverture pastorale, ça prend l'adaptation des moyens pastoraux pour répondre aux besoins des hommes et des femmes de ce temps. En lien à cette réflexion, Nona Jones avait déjà montré précédemment qu'il est impossible à l'heure de l'Internet de typiquement accompagner les couples en église de bâtiment. D'autres voies sont possibles, il revient à l'Église de préparer des cadres pour en faire usage utile des médias sociaux.

> À chaque innovation technologique, les dirigeants d'églises se préparent à un exode massif parce que la technologie facilite l'accès à l'information. Lorsque l'imprimerie a été créée et que des copies de sermons sont devenues plus largement disponibles, les prédicateurs estimaient que les gens sortiraient l'église pour lire le message plus tard. Quand la Radio a été inventée, les prédicateurs craignaient de diffuser des sermons de peur que les gens cessent de se présenter et écoutent plutôt plus tard. Une fois la télévision est devenue courante, les pasteurs étaient réticents à se joindre au train en marche, car donner aux gens la possibilité de regarder de chez eux réduirait sûrement la fréquentation de l'église. Lorsque l'Internet a pris de l'ampleur, de nombreuses églises ont refusé d'avoir un site Web, préférant que les gens appellent et obtiennent des informations d'une personne en direct. Lorsque les médias sociaux sont devenus un mode de vie, les pasteurs ont refusé de créer un compte en disant « je ne veux pas que trop connaisse ma vie privée ». Lorsque la diffusion en direct a décollé, de nombreux pasteurs la dénoncent comme une autre option pour garder les gens à la maison et loin de l'église. À chaque progrès technologique, les opposants ont résisté au changement pour s'y

---

[192] P1, n⁰ 21.

aligner après qu'il était trop tard et qu'un nouveau développement était en hausse[193].

Le message de Nona Jones sert à nous sensibiliser sur le temps pastoral actuel. Nona invite l'Église à ne pas rester indifférente à ce que le numérique peut apporter de positif dans notre temps. Le pape François pour sa part met l'accent sur le style vie que nous menons sur les réseaux sociaux, c'est ça qui est important : « Certains choix qui paraissent purement instrumentaux sont, en réalité, des choix sur le type de vie sociale que l'on veut développer »[194]. Ce message renforce la vision charismatique du Centre diocésain de Montréal d'accompagner les couples en ligne au-delà des frontières géographiques. Dans l'Évangile de Mathieu, Jésus dit : « Allez de toutes les nations, faites des disciples en mon nom »[195]. Depuis la pandémie, nous avons cherché à procéder autrement, en suivant l'indication donnée par le Centre diocésain, qui a mis le numérique au service de la pastorale du mariage.

Selon Dominique Greiner, le numérique[196] est le produit d'une culture et dans le même temps il est producteur d'une culture nouvelle. Il reconfigure la réalité. Il façonne notre être, conditionne nos styles de vie, transforme nos manières de vivre et de penser. Une définition que les formateurs de Montréal ont bien adaptée aux aspirations des couples en formation depuis la COVID-19. Ils l'appliquent dans l'innovation du sens de créativité de l'équipe en corrélation au besoin présent. À l'instar de l'apôtre Pierre qui vivait dans la joie l'Évangile avec la foule le jour de la Pentecôte, les formateurs du Centre diocésain ont témoigné leur joie d'avoir assuré la formation des couples en ligne. La formation virtuelle augmente le nombre de participants durant la pandémie et permet aux couples d'accueillir les formateurs chez eux sans courir le risque du déplacement durant la pandémie. Ils affirment : « Nous voyions plus de couples le prendre à distance qu'avant. Avant que nous n'ayons qu'une seule personne et que l'autre devrait suivre le cours où qu'elle soit. Et

---

[193] Nona Jones, *From social media to social ministry*, Michigan, Zondervan Reflective, 2020, p.14-15.
[194] Pape François, *Laudato si*, 2015, n° 107.
[195] Cf. Mt 28, 19-20.
[196] Dominique Greiner, assomptionniste, est rédacteur en chef religieux au quotidien La Croix. Économiste et théologien, il enseigne la théologie morale, politique et sociale dans les facultés de théologie des instituts catholiques de Lille et de Paris.

maintenant nous allons avoir les couples présents même s'ils sont séparés dans des villes différentes ou dans des pays différents »[197].

Du chapitre 2 au verset 7, l'Esprit Saint opère chez les auditeurs une sorte de phénomène d'interprétation spontanée. Ce message proclame les merveilles de Dieu. Dans les deux interprétations, le vrai miracle décisif est le même : l'Esprit Saint fait parler et il fait entendre. Luc montre que les assistants n'ont pas eu la même réaction. Certains questionnent avec perplexité sur le sens de cette inhabituelle aventure, d'autres se moquent en disant : « Ils sont pleins de vins doux. Cette moquerie va servir le point crucial du discours de Pierre »[198]. La Pentecôte est avant tout le miracle d'une communication réussie. Aujourd'hui, sur le plan pastoral, ce miracle traduit pour nous une nouvelle Pentecôte grâce à l'utilisation des ressources offertes par internet. Les formateurs du Centre diocésain de Montréal eux-mêmes sont étonnés par rapport aux changements qu'ils ont opérés dans la formation des couples durant la pandémie. Comme l'affirme le cardinal L. J. Suenens :

> L'Esprit ne parle pas seulement dans le silence de la prière. Il parle à travers toute l'histoire des hommes. À chaque génération, il tient un langage nouveau. À la nôtre, il parle à travers le prodigieux enrichissement du savoir humain ; à travers la recherche angoissée et tâtonnante de l'homme confronté avec des problèmes auxquels ne sont plus à l'échelle humaine ; à travers les questions que suscite le progrès même des sciences[199].

Dans l'optique des progrès scientifiques évoqués par le cardinal Suenens, Hélène Romeyer et Stéphanie Fox décrivent comment le numérique, considéré comme un aspect de la science, a facilité l'agir humain pendant la pandémie : « La nouvelle utilisation des dispositifs numériques a permis de saisir, de faciliter et de mettre en visibilité l'imbrication et la mutation de nombreux rôles et identités d'objets techniques, et de personnes qui innovent et adaptent leurs pratiques à une situation incertaine et changeante »[200].

En dépit du fait que les formateurs du Centre diocésain de Montréal étaient hésitants au début, une fois la formation lancée, les couples et les formateurs sont tous satisfaits de

---

[197] P3, n° 41.
[198] Charles L'Eplattenier, *Commentaires le livre des actes,* Paris, Centurion/Novalus, 1994, p. 32.
[199] Cardinal Leo Joseph Suenens, *Une nouvelle Pentecôte,* France, Desclée de Brouwer, 1974, p. 196.
[200] Hélène Romeyer et Stéphanie Fox, « *Crises sanitaires et communication : enjeux sociétaux et organisationnels »* [https://id.erudit.org/iderudit/1083009] (consulté le 25 novembre 2021).

l'initiative de la formation en ligne. À la cueillette des données, quand on demandait aux formateurs d'exprimer leur échec par rapport à la formation en ligne, ils parlaient plutôt des avantages. Cette affirmation de l'équipe de formation montre que ceux-ci ont changés leur perception de la formation des couples au mariage. Il reste aux formateurs de rester ouverts à l'accueil des bienfaits de cette nouvelle pratique dans le contexte de la pandémie et nous pouvons souligner qu'ils ont été ouverts à la nouveauté, comme les premiers disciples ont été ouverts à l'Esprit Saint à la Pentecôte, dans le sens mis en relief par le cardinal L. J. Suenens : « Le Saint-Esprit utilise nos actualités pour nous révéler son actualité. Il nous demande de comprendre nos devoirs de chrétien dans toutes leurs dimensions, non seulement personnelles ou familiales, mais aussi professionnelles, sociales, tant au niveau local que mondial »[201]. Une réalité que plusieurs couples et beaucoup d'autres personnalités dans la société ont comprise durant la pandémie, et grâce aux dispositifs en ligne, ils ont eu des avantages : « Par exemple, les parents ont assumé un rôle plus impliqué et éducatif, les psychologues sont devenus des thérapeutes et les éducateurs, des organisateurs. De plus, comme dans d'autres contextes organisationnels où le télétravail est devenu la norme, les arrangements ont chevauché les sphères d'activité professionnelle et privée auparavant séparées »[202]. Pour se mettre au diapason de la réalité pastorale de la formation des couples en ligne, les formateurs ont écouté la voix de l'Esprit et ils ont agi selon ce qu'ils ont compris.

À cet effet, Pierre cite le texte de Joël qui annonçait : « La part de Dieu l'effusion de son Esprit. Non plus sur quelques prophètes, mais sur tout le peuple de Dieu, jeunes, vieux, libres et esclaves »[203]. L'effusion confirme que les temps eschatologiques sont arrivés. Pierre cite Jésus : « Le Royaume de Dieu s'est approché, le salut définitif promis par Dieu est maintenant une réalité présente, sans discrimination pour tous ceux qui invoqueront le nom du Seigneur » (v 21). Dans cette même optique, la formation des couples en ligne en temps de pandémie est une bénédiction pour tous les couples sans exception. Les formateurs font tous l'expérience d'une nouvelle pédagogie d'enseignement. C'était difficile, mais ça apporte la joie. Nous les avons entendus dire au cours de l'entrevue qu'ils

---

[201] *Id.,* « Crises sanitaires… », p. 197.
[202] *Id.,* « Crises sanitaires… », p. 1-12.
[203] Jl 3,1-5.

ont apprivoisé le système numérique avec beaucoup de difficultés afin de garder le Centre diocésain ouvert au service des couples : « Nous avons en quelque sorte traversé des phases difficiles »[204]. Des difficultés que les apôtres de Jésus ont aussi connues avant de recevoir l'Esprit qui renouvelle toute chose.

En dépit des difficultés, les formateurs sont parvenus à toucher tous les couples, comme l'Esprit de Pentecôte venait sur toute l'assistance sans distinction. Les juifs de naissance et des prosélytes symbolisent l'étendue et le rayonnement de la diaspora juive dans le monde gréco-romain. Pierre s'adresse à la foule, il les appelle frères parce qu'il se reconnait frère en Christ: « Jésus élevé dans la gloire a pu accomplir la promesse et répandre l'Esprit sur ses serviteurs »[205]. « L'initiative de Pierre au jour de naissance de l'Église est comme inspirée par l'Esprit saint. Le don du Saint-Esprit est consécutif au baptême. Le message de Pierre amènera les auditeurs à la décision qui est à la fois témoignage et exhortation »[206]. 3000 personnes se sont ajoutées au 120 et forment désormais la communauté chrétienne de Jérusalem, un groupe de gens qui ont reconnu le Messie en Jésus de Nazareth crucifié et ressuscité.

La fête de la Pentecôte complète la fête de Pâques. Pour les chrétiens, la Pentecôte est la fête des dons de l'Esprit Saint à l'Église. La fête de la Pentecôte célèbre l'inauguration de la nouvelle alliance par l'accomplissement de la promesse du Christ qui avait dit aux Apôtres qu'il leur enverrait l'Esprit Saint. À l'opposé, la pandémie de la COVID-19 a suscité l'inauguration de la formation des couples en ligne. Elle suscite une nouvelle manière pour l'Église d'accompagner le monde au cœur d'un confinement qui ballote la vie de toutes les générations d'hommes et femmes confondues.

Cette nouvelle façon de faire la formation des couples en ligne réjouit le cœur des formateurs, parce que le format est plus léger et il facilite aux couples une meilleure compréhension du programme. L'un des formateurs en témoigne : « Pour moi, c'était assez amusant avec tout le truc de Zoom et de changer le format pour qu'il soit davantage axé

---

[204] P1, n° 13.
[205] Cardinal Léo Joseph Suenens, *Une nouvelle Pentecôte,* France, Desclée de Brouwer, 1974, p.35.
[206] *Op. cit.* p.37.

sur l'apprenant et pour passer de la formation pure à la transformation »[207]. Les apôtres, eux aussi, ont vécu cette transformation profonde au cénacle, où ils voyaient un futur prometteur, plein de joie pour annoncer la Bonne Nouvelle au monde.

Jésus a vécu notre vie d'humanité, est mort, ressuscité et glorifié à la droite du Dieu le Père. Il complète maintenant sa mission en envoyant l'Esprit saint dans l'Église. Archille Degeest conclut : « À travers cet événement, le mystère Pascal c'est le passage de Dieu au milieu de son peuple, qui devient une réalité permanente. Le récit de la Pentecôte est rempli de mots. L'irruption de la Pentecôte dans l'histoire humaine est clairement exprimée, mais fait place à tous à y d'adhérer »[208].

Enfin, il est impossible de corréler Pentecôte et formation en ligne qui traversent les frontières sans nous référer au n° 1 du document *Lumen Gentium*, dans lequel la nature et le rôle de l'Église sont définis dans une formule très dense qui n'a pas cessé d'alimenter la réflexion théologique et missionnaire, comme « étant, dans le Christ, en quelque sorte, le sacrement, c'est-à-dire à la fois le signe et le moyen de l'union intime avec Dieu et de l'unité de tout le genre humain… » L'important, ce ne sont pas les structures d'une Église à fonder partout dans le monde, mais la réalisation du Royaume, dessein de Dieu sur l'humanité, sans distinction géographique entre pays chrétiens et pays païens[209].

En réalité, comme le dit saint Bonaventure, « en vertu des sept dons de l'Esprit saint, tous les maux sont détruits tandis que sont réalisés tous les biens »[210]. Au fait, l'esprit d'innovation qui a habité les formateurs du programme en temps de COVID est compté au nombre de ces biens dont l'Esprit Saint les a inspirés· l'affirmation du pape Jean-Paul II présente bien l'ensemble de ces bienfaits : « Sous l'impulsion de l'Esprit, la foi chrétienne s'ouvre délibérément aux "nations" et le témoignage du Christ s'étend aux centres les plus importants de la Méditerranée orientale pour arriver jusqu'à Rome et aux confins de l'Occident. C'est l'Esprit qui pousse à aller toujours au-delà, non seulement du point de

---

[207] P3, n° 106.

[208] Achille Degeest, *Commentary Sundays, on the year C*, New York, Catholic Book Publishing CO, p.140.

[209] Paul Coulon, *La mission chrétienne de Vatican II à aujourd'hui, Jalons historiques du côté catholique*, dans Histoire et missions chrétiennes 2007/1 (n° 1), pages 105 à 118 | Cairn.info.

[210] Saint Bonaventure, *De septem donis Spiritus Sancti*, Collatio II, 3 : Ad Claras Aquas, V, 463.

vue géographique, mais aussi au-delà des barrières ethniques et religieuses, pour accomplir une mission réellement universelle »[211]. Les formateurs, en s'ouvrant à cause de la pandémie à une pratique d'accompagnement virtuel, cela leur a permis d'identifier de nouveaux moyens pédagogiques, didactiques afin de poursuivre l'accompagnement des couples à distance. Les formateurs ont perçu, même si les membres des couples vivaient à distance dans d'autres pays, qu'ils pouvaient les accompagner de manière nouvelle pour leur mariage. C'est ainsi vraiment qu'au-delà des frontières culturelles, sous la mouvance de l'Esprit, une nouvelle Pentecôte a pris chair depuis 2020 dans l'archidiocèse de Montréal et est devenu un lieu pastoral en ligne et présentiel pour former les couples à distance sans barrière linguistique. L'équipe de formation se laissant interpeller par la nouvelle réalité du contexte de la COVID-19 a pu voir que L'Esprit Saint agissait au-delà de leur pratique traditionnelle. Ils ont dû relire leur expérience et se laisser interpeller par l'Esprit Saint afin de revisiter l'histoire des couples formés par visioconférence à Montréal. Ils ont dû quitter leur vision d'une formation présentielle stricte afin de s'adapter à la nouvelle forme de préparation pendant la COVID-19.

Conclusion du troisième chapitre

Tout au long de ce troisième chapitre, les pensées qui ont été dégagées sont diversifiées, mais le but du théologien pratique était de montrer au préalable qu'entre la Pentecôte et l'événement de Babel, il existe un point de rencontre où les hommes et les femmes réfléchissent ensemble pour promouvoir un monde toujours en chantier. La pratique a interpellé les formateurs à s'ouvrir a d'autre méthode, entre autres le virtuel à laquelle ils résistaient. Il a fallu la pandémie pour qu'ils puissent s'ouvrir à une réalité de communication qui existait déjà.

En deuxième lieu, nous avons théologisé cette nouvelle manière dont le Centre diocésain assure la formation des couples en ligne comme une nouvelle Pentecôte, une nouvelle manifestation de l'Esprit qui a inauguré un autre mode d'accompagnement dans l'Église qui a bien aidé les couples en temps de pandémie et de confinement mondial.

---

[211] Redemptoris Missio, n° 25.

En troisième lieu, nous avons montré comment la pratique nouvelle de la préparation au mariage a permis à l'équipe des formateurs de s'ouvrir aux intuitions de l'Esprit Saint afin de transformer la pastorale d'accompagnement des couples en ligne. Un travail qui semble bien dépasser leur compétence parce qu'il va au-delà des continents et des frontières culturelles, mais l'Esprit qui est à l'œuvre partout et toujours l'a rendu possible pendant que les autres diocèses du Québec étaient fermés. Ceci nous a permis d'illustrer que la pandémie n'a pas été seulement dévastatrice, mais aussi féconde dans la perspective d'évangéliser autrement à l'ère du numérique.

Comme chercheur en pastorale du mariage j'ai pu expérimenter ce que décrit le groupe de Paul Watzlawick, John Weakland et Richard Fisch dans leur théorie des changements[212]. Paul Watzlawick est spécialiste en communication et membre fondateur de l'École de Palo Alto aux États-Unis. John Weakland fut professeur au département de psychiatrie de la faculté de Médecine de l'Université de Stanford et membre de l'École de Palo Alto. Richard Fisch est psychiatre aux États-Unis et membre fondateur de l'École de Palo Alto. Selon une explication de Guy Guindon, docteur en théologie pratique à l'Université Laval :

> L'école de Palo Alto comprend un groupe de personnes qui a travaillé sur la communication et les relations entre les individus en développant une approche systémique. Le groupe de Paul Watzlawick décrit deux types de changements; le premier est un changement dans l'organisation interne qui pourra améliorer la pratique, mais sans changer l'ensemble, ce qu'il nomme le changement de type 1. Il parle ainsi d'un changement de type 2 où l'on transforme des éléments du système, ce qui modifie le système en lui-même[213].

Par ces deux théories, nous en déduisons deux sortes de changements : « L'un prend place à l'intérieur d'un système donné qui, lui reste inchangé, l'autre modifie le système lui-même »[214] .

Dans cette optique, la formation par visioconférence est un changement de type 1 parce que les formateurs gardent les huit thématiques à la formation des couples. En clair, l'accompagnement des couples autrement par visioconférence en contexte de COVID-19 ne fait qu'ajuster de façon nouvelle des outils servant à la formation tout en gardant intacte la structure du Centre diocésain pour le mariage, la vie et la famille de l'archidiocèse de Montréal. Cette formation exige l'adaptation des formateurs à de nouvelles structures électroniques mises en place par le Centre diocésain.

Cette recherche m'a permis de découvrir la résilience des formateurs et leur capacité de travailler en équipe. J'ai découvert à la suite des réflexions de père Alain Quilici et celle

---

[212] Paul Watzlawick et al., *Changements: Paradoxes et psychothérapie*, Points; 130. Anthropologie, sciences humaines (Paris : Éditions du Seuil, 1981).
[213] Guy Guindon, « De la préparation aux sacrements à la réciprocité catéchétique en paroisse », thèse doctorale, Québec, Université Laval, 2017, p. 402.
[214] Paul Watzlawick et al., *Changements: Paradoxes et psychothérapie...*, p. 28.

des formateurs du Centre diocésain pour le mariage, la vie et la famille de Montréal que la formation des couples en ligne est une nouvelle pratique de la formation pour la préparation au mariage. Cette nouvelle pratique a permis tant à des couples à Montréal qu'à d'autres vivant dans deux pays ou continents différents de poursuivre et compléter la formation au mariage. En tant que chercheur en théologie pratique, ce que j'ai pu observer de l'équipe de formation à Montréal, qu'ils n'ont pas été capable de remettre en question les huit thématiques de la formation au mariage. On peut noter ici un blocage ou une peur de remettre en question la formation au mariage face aux nouvelles réalités technologiques et aux nouveaux défis sociaux, culturels et ecclésiaux auxquels les couples sont confrontés aujourd'hui. C'est pour cela qu'on peut affirmer que le changement apporté est seulement de niveau 1 tel que proposé dans la typologie de Paul Watzlawick. Cela m'apporte à poser question comme chercheur, malgré les adaptions technologiques cette formation ne répondent plus aux enjeux actuels que vivent les couples. J'ai vu la nécessité d'avoir une bonne épistémologie, un savoir détaillé de la pratique, une connaissance historique, et d'être en mesure de faire dialoguer la théologie et les sciences sociales. Dans cette perspective, ma conclusion comprend sept points :

Découvertes sur le plan du savoir, du savoir-faire et du savoir-être

Le premier chapitre décrit le chemin que j'ai parcouru. À partir de ma compréhension, la méthode choisie m'a permis de m'ouvrir à d'autres horizons. L'ambiance de cette recherche a permis de préciser la problématique par le va-et-vient entre la théorie, la préparation du mariage en ligne en contexte de pandémie et les apports des formateurs. La recherche me permet d'entrer dans l'élaboration de nouveaux savoirs en faisant dialoguer la pratique, le savoir d'expérience et les autres référents que j'ai utilisés. Cette recherche dans ce projet de théologie pratique est une démarche inductive. À partir du moment où j'ai décrit la pratique et nommé la problématique de la formation en ligne, je suis entré dans une démarche de recherche fondamentale visant à étudier le terrain, préciser les différents contextes dans lesquels la formation se réalise et présenter les contenus et justifications de la préparation au mariage (les huit thématiques) dans l'archidiocèse de Montréal.

Nouvelle compréhension du contexte socioreligieux et culturel

En dépit que la majorité de la population montréalaise se déclare catholique, peu de personnes sollicitent un service religieux à l'Église catholique. Montréal est riche en diversité culturelle. Le fait de conserver l'ouverture à l'accueil des cultures est une richesse pour l'Église. Depuis les années 1960, une minorité de couples envisage le mariage religieux et la formation qui le précède. Environ le quart des conjoints qui se marient au Québec viennent dans les familles immigrées.

Observant le phénomène de la sécularisation, Martin Tremblay conclut que le mariage est en chute libre au Québec depuis 1968. Cette recherche m'a fait découvrir que beaucoup des modifications et des adaptations majeures survenues dans l'Église catholique au Québec sont initiées par La Révolution tranquille dans les années 1960.

Vision nouvelle par rapport à la première annonce de la foi

L'accompagnement des couples en situation de première annonce de la foi était vu dans la ligne proposée par Jocelyn Girard, docteur en théologie à Montréal en externe et à l'UQAC : « La première annonce c'est le premier moment d'une séquence qui consiste : à évangéliser pour favoriser la conversion, à initier en catéchisant, à vivre en approfondissant la foi et l'éthique chrétienne »[215]. À un second moment de la recherche, j'ai été obligé de me défaire de cette conception dogmatique et de prendre du recul afin que la recherche soit objective en raison de certains constats : certains jeunes qui veulent se marier dans l'Église, sont en situation de première annonce de la foi. Il y a un autre groupe qui ne veulent rien entendre de la religion[216]. Certains ne veulent pas avoir d'enfants, d'autres acceptent d'avoir un nombre limité d'enfants. Ces enjeux ont élargi mes horizons sur la complexité de la formation des couples, ce qui exige un déplacement pour accompagner des couples qui ont des idées toutes faites, émanant de la sécularisation intérieure depuis des décennies.

---

[215] Jocelyn Girard, « Première annonce et catéchèse dans les langues de chez nous », dans Revue Lumen Vitae 2011/4 (Volume LXVI), pages 431-441.
[216] Cf. Pierre-Yves Boily, office de pastorale familiale du diocèse Québec, *Nouveaux services dans la paroisse, préparation du mariage*, Ottawa, Novalis, 1981, p. 26.

Vision nouvelle par rapport à la pandémie

Le regard sociologique de Maud Navarre, docteure en sociologie de l'Université de
Bourgogne–Franche-Comté, sur la pandémie m'a permis de comprendre que les couples
étaient profondément touchés affectivement au point que l'un sentait qu'il représente un
danger pour l'autre en dépit du fait qu'ils s'aiment. Plus loin, l'auteure souligne une baisse
de célébration au mariage liée aux conséquences des restrictions : les mariages se sont aussi
raréfiés durant la Covid, ce qui vient confirmer une tendance à leur recul depuis plusieurs
décennies. Cette réflexion rejoint les affirmations émises ci-dessus par Réal Houde et
Martin Tremblay sur le mariage en chute libre au Québec depuis le vingtième siècle. La
contribution de la sociologue Maud Navarre m'a emmené à comprendre aussi, en dépit que
les couples se préparent en virtuel en vue de leur mariage, ceux qui vivent de manière
séparée, sont troublés et frustrés « D'un point de vue neurosensoriel et cognitif, on connaît
l'importance du contact direct dans les émotions qu'il peut exprimer ce qui est beaucoup
moins évident par les voies numériques ou virtuelles. S'il n'y a plus ce toucher, on observe
une frustration quant au ressenti de l'expression de ce lien, ainsi qu'une défiance qui
s'installe. Car le toucher, c'est aussi un signe de confiance »[217].

Les contenus

Ce travail de recherche à partir de la pratique m'a obligé à relire et approfondir les textes
du Magistère et d'autres spécialistes en spiritualité du mariage auxquels s'est ressourcé le
Centre diocésain pour le mariage, la vie et la famille de l'archidiocèse de Montréal pour
bâtir son programme de formation. En prenant le recul pour mettre les huit thématiques de
la formation au mariage en dialogue avec la réalité du changement, je m'aperçois que
l'archidiocèse de Montréal a sa théologie du mariage propre et qui ne s'est laissé interpellé
par les changements fondamentaux provoqués par la Révolution tranquille depuis 1960 et
certains documents du magistère parus depuis cette période. Peut-être que la durée de six
à douze mois fixés pour faire la préparation des couples pourrait être revisitée en raison des
outils d'approfondissement auxquels ils peuvent facilement s'y référer en étant bien
accompagnés.

---

[217] Maud Navarre, « Ce que le COVID-19… », p. 52-55.

Sous un autre angle, les différentes considérations ainsi que les références aux recommandations du magistère de l'Église qui forment l'ossature du programme m'ont permis de cerner davantage que la pastorale du mariage de l'archidiocèse de Montréal a une orientation précise, typique et particulière. Ce mémoire est un approfondissement, un apport à la réflexion théologique sur la préparation au mariage par visioconférence en contexte de pandémie. Prenons par exemple le mentorat dans la formation des couples. Les mentors de mariage sont des couples qui sont ensemble depuis des années et qui partagent des expériences de vie avec les futurs époux dans un climat décontracté. C'est à partir du témoignage des mentors que les couples commencent à partager leur propre expérience. Ils échangent leurs expériences et, par la suite, font des liens entre leur propre existence et la Parole de Dieu. Mon dernier constat dans ce chapitre, j'ai vécu une introspection sur ma façon d'agir et ma propre perception du milieu. On peut toujours préparer des couples au mariage sur des bases chrétiennes solides en dépit des contraintes liées aux différents contextes du moment.

Retour sur les étapes du mémoire

Le deuxième chapitre de la recherche présente le parcours conduisant à collecter ces données. Je présente le résultat de l'analyse de la cueillette des données de la recherche. Cette étape a été l'occasion de faire ressortir le vécu des gens qui participent à la démarche de formation des couples par visioconférence. La méthodologie qui a guidé cette recherche est celle de la théologie pratique. Dans ce travail, j'ai choisi l'approche pragmatiste de la théorisation ancrée en raison de son objectivité à cette recherche. J'ai exposé la manière dont le processus du recrutement des participants a été fait en relation à la dimension éthique de la recherche suivie de la présentation de l'organisation de l'entrevue, la pédagogie promue en ligne et la présentation générale des participants, la présentation des données recueillies suite à leur traitement.

Les participants sont des catéchistes œuvrant à la formation des couples depuis des années. Le fait qu'ils se sont engagés ensemble vers un processus de changement en ligne, cela me fait déduire qu'ils sont capables de changement. Par charité évangélique, ils ont eu l'humilité de réapprendre autrement un programme qu'ils ont maitrisé pendant longtemps pour accompagner les couples en contexte de pandémie. À partir du choix de la méthode de recherche, de l'identification de la problématique, j'ai posé cette question aux formateurs : à quels défis et enjeux ont-ils été confrontés dans la formation en ligne avec les couples préparant leur mariage durant la COVID-19? J'ai découvert qu'à côté des difficultés techniques de l'équipe par rapport au passage de la formation au mode virtuel, il y a plusieurs bienfaits à la faire en ligne.

Après lecture des résultats de la codification axiale et en tenant compte des recommandations de l'équipe des formateurs, j'ai réalisé ce constat « le mode hybride de préparation au mariage, malgré des défis divers et variés, est une possibilité légitimement envisageable pour l'accompagnement spirituel des futurs époux en raison de la commodité du virtuel et de la nécessité du présentiel ».

À partir des conclusions de l'analyse des données, j'ai établi quatre corrélations au chapitre trois. J'ai utilisé quatre référents précis: éclairage de la réflexion biblique en rapport à la formation des couples en temps de COVID-19, la résilience de l'équipe des formateurs de Montréal, fécondité évangélisatrice en temps de confinement mondial, au-delà des frontières culturelles se corrèlent Pentecôte et formation en ligne. Cet aller et retour entre la pratique et les quatre référents m'a permis de mieux cerner le concept qu'est la formation des couples par visioconférence en contexte de pandémie.

Cette étude me porte à redécouvrir l'importance de la Bible, du magistère, des écrits des théologiens de l'Église et des nouvelles pédagogies ayant conduit à l'adaptation d'un renouveau pastoral du mariage en contexte de pandémie. Cette lecture diachronique a permis d'identifier la pluralité des acteurs au cours de l'histoire. La formation des couples au mariage peut se réajuster en contexte de pandémie ou à d'autres situations inattendues quand il y a une alliance entre les différents formateurs, les couples en préparation, les prêtres et l'ensemble de la communauté chrétienne. J'ai identifié plusieurs constats avec la lecture synchronique en comparant :

Tout au long de ce troisième chapitre, les pensées qui ont été dégagées sont diversifiées, mais le but du théologien pratique était de montrer au préalable qu'entre la Pentecôte et l'événement de Babel, il existe un point de rencontre où les humains s'entendent pour répondre efficacement aux exigences de l'ère. Et que les personnes qui étaient éparpillées à Babel à cause du problème linguistique, elles étaient des nomades. La pratique a montré que l'utilisation des moyens technologiques virtuels a permis à des gens séparés par la distance et la diversité culturelle d'être rassemblés et de cheminer ensemble.

En deuxième lieu, nous avons théologisé cette nouvelle manière dont le Centre diocésain assure la formation des couples en ligne comme une nouvelle Pentecôte, une nouvelle manifestation de l'Esprit qui a inauguré un autre mode d'accompagnement dans l'Église qui a bien aidé les couples en temps de pandémie et de confinement mondial.

En troisième lieu, nous avons montré comment l'Esprit de Pentecôte a fait irruption dans la résilience de l'équipe des formateurs de Montréal pour transformer la pastorale d'accompagnement des couples en ligne. Un travail qui semble bien dépasser leur compétence parce qu'il va au-delà des continents et des frontières culturelles, mais l'Esprit qui est à l'œuvre partout et toujours l'a rendu possible pendant que d'autres diocèses du Québec étaient fermés. Ceci nous a permis d'illustrer que la pandémie n'a pas été seulement dévastatrice, mais aussi féconde dans la perspective d'évangéliser autrement à l'ère du numérique.

En quatrième lieu, je constate, à la lumière de la Pentecôte, que la formation en ligne des couples en contexte de COVID-19 a favorisé chez les formateurs de Montréal une transformation profonde, un futur prometteur, plein de joie, qui peut inspirer dans l'annonce de la Bonne Nouvelle du Royaume de Dieu dans un monde de plus en plus interconnecté.

Une pratique renouvelée : formation en ligne et possibilités de développement pour l'avenir

La formation des couples par visioconférence en temps de pandémie mondiale est une initiative pastorale réussie qui rejoint l'Église dans son agir pastoral ou toute autre institution, association, tout groupe ou chercheur désireux d'intensifier l'usage des plateformes audiovisuelles pour mieux accompagner l'humanité. Par exemple, les cours en vidéoconférence dans les universités, les rencontres Zoom, Teams, Google meet qui réunissent les personnes de milieux géographiques différents sur différents sujets. Cette recherche s'inscrit dans une dynamique circulaire et non statique. La formation par visioconférence, ne remplace pas le présentiel, mais offre plutôt un complément qui sert d'ajustement en cas d'intempérie, de distance géographique, par souci de protéger l'environnement ou réduire ses dépenses économiques en carburant pour aller dans une réunion ou même en situation de catastrophes naturelles comme celle de la pandémie de la COVID -19. C'est aussi un moyen pour rendre la formation plus accessible aux couples par l'apprentissage de courtes vidéos au lieu des matériels qui exigent de consacrer de longues heures d'apprentissage. La formation par visioconférence est un moyen qui permet aux personnes timides de poser plus facilement des questions ou donner leurs suggestions par le biais d'un dispositif de message texte inséré à la barre d'outils. J'ai observé qu'on a pu utiliser les nouveaux moyens technologiques pour poursuivre la formation des couples, mais cela n'a pas permis une mise à jour du programme de formation des couples au mariage face aux nouveaux défis contemporains.

BIBLIOGRAPHIE

Catéchèse

Catéchèse de Montréal, « Fiche d'accompagnement n° 8 », *l'accompagnement des adultes en démarche catéchuménale, quelques points de repère, Voies d'avenir en pastorale catéchuménale des adultes*, Montréal, Desclée/Mame, 2013.

Conseil Pontifical pour la Promotion de la Nouvelle Évangélisation, Directoire pour la catéchèse, Paris, Bayard Mame, Cerf, 2020.

Guindon, Guy, *De la préparation aux sacrements à la réciprocité catéchétique en paroisse*, thèse doctorale en théologie pratique, Sous la direction de : Alain Faucher, directeur de recherche, Québec, 2017.

Jocelyn, Girard, « Première annonce et catéchèse dans les langues de chez nous », dans Revue Lumen Vitae 2011/4 (Volume LXVI), p. 431-441.

La Commission Francophone Cistercienne de liturgie (C.F.C.), *Liturgie des Heures*, Paris, Cerf/Desclée de Brouwer/Mame, 2013.

Communication et réseau social

Abrams, Sandra Schamroth, *Reimagining Numeracies: Empowered, Game-Informed Meaning Making in and beyond the Pandemic Era*, in (scholarly, collection Érudit),Volume 23, Issue 2, 2021 [(erudit.org)] (Consulté le 3 décembre 2022).

Forbes, Diane, *Professional Online Presence and Learning Networks: Educating for Ethical Use of Social Media*, in International Review of Research in Open and Distributed Learning (scholarly, collection Érudit) Volume 18, Issue 7, 2017 [(erudit.org)] (Consulté le 30 mai 2022).

Jones, Nona, *From social media to social ministry, Michigan*, Zondervan Reflective, 2020.

Maroşan, Mario Ionuţ, *Mémoire sur la place de la langue française à l'université Laval*, par l'Association des Étudiantes et des Étudiants de Laval inscrits aux Études supérieures (AELIÉS), Automne-Hiver 2019 – 2020.

Paolo Ruffini, *Vers une présence totale, une réflexion pastorale à propos de l'engagement sur les réseaux sociaux*, Dicastère pour la communication, Vatican, 28 mai 2023.

Étude du milieu et sociologie

Avis de la CRÉ (Commission de régulation de l'énergie) de Montréal pour réussir à Montréal, enjeux et priorités stratégiques, déposé dans le cadre de la consultation sur le bilan de la stratégie de développement économique de la ville de Montréal, 3 septembre 2009.

Code civil du Québec, sous la direction de Jean-Louis Baudouin, Montréal, Wilson & Lafleur ltée, 2015, p. 109-145.

Grand'Maison, Jacques, *Pour un nouvel humanisme*, Montréal, Fides, 2007.

Hétu, Jean, « Libre opinion, les municipalités ne savent pas à quel saint se vouer », dans Le Devoir.com, édition numérique du 14 novembre 2013.

Houde, Réal, « L'effritement de la pratique du mariage catholique comme exemple des mutations socioreligieuses chez les francophones du Québec. Analyse des transformations de leur habitus socioreligieux de 1640 jusqu'au début du troisième millénaire », thèse présentée au Centre d'études du religieux contemporain, Université de Sherbrooke, 2018.

Lamoureux, Danielle, *La psychanalyse des enfants : étude comparée des traductions de deux œuvres fondatrices, suivie d'un glossaire*, Mémoire présenté à la Faculté des études supérieures en vue de l'obtention du grade de Maître ès arts (M.A.), Université de Montréal, 7 août 2008.

Navarre, Maud, *Le couple réinventé,* dans Sciences Humaines, n° 273, 2015.

Pilati, Thomas et Tremblay Diane-Gabrielle, *Le développement socio-économique de Montréal : La cité créative et la carrière artistique comme facteurs d'attraction*, Télé-université, UQAM, 2006, pp. 476-496.

Simard, Claude et Verreault, Claude, « Statut du français au Québec : l'exemple inquiétant des universités francophones », dans Québec français, n° 172, 2014.

St-Amour, Nathalie et Bourque Mélanie, de l'Université du Québec en Outaouais (UQO), « Conciliation travail-famille et santé : Le Québec peut-il s'inspirer des politiques gouvernementales mises en place dans d'autres pays », sous la coordination scientifique de Johanne Laverdure de l'Institut national de santé publique du Québec (INSPQ), 2005.

Watzlawick, Paul et al., *Changements: Paradoxes et psychothérapie*, Points; 130. Anthropologie, sciences humaines (Paris : Éditions du Seuil, 1981).

Exégèse, études bibliques

Arsenault, Paul, *Chemins d'évangile, un rendez-vous à l'intérieur*, Québec, Éditions RM, 2012.

Bonnet, Louis, *La communauté de vie conjugale au regard des lois de l'Église catholique. Les étapes d'une évolution. Du Code de 1917 au concile Vatican II et au Code de 1983*. Paris, Les Éditions du Cerf, 2004.

Cardinal Suenens, Leo Joseph, *Une nouvelle Pentecôte,* France, Desclée de Brouwer, 1974.

Coulon, Paul, *La mission chrétienne de Vatican II à aujourd'hui, Jalons historiques du côté catholique*, dans Histoire et missions chrétiennes 2007/1 (n° 1), p. 105-118.

Degeest, Achille, *Commentary Sundays, on the year C*, New York, Catholic Book Publishing CO, 1976.

Diocèse de Lille, *La tour de Babel, Service de la Parole*, Cahiers Évangile n° 161, septembre 2012.

Fernandez, Tiburtius, *Homélie pour l'année C*, Rome, SMA Publications, 2021.

John Paul II's, *Theology of the Body in simple language*, Middletown, Philokalia Books, 2018.

L'Eplattier, Charles, *Commentaires le livre des actes*, Paris, Centurion/Novalus, 1994.

L'Hour, Jean, « *Genèse 1-11. Les pas de l'humanité* », SBEV/Éd. du Cerf, Cahier évangile n° 161, septembre 2012.

Lano, Pascaline*, Une crise pour vous découvrir la vocation des familles comme églises domestiques,* dans Lumen Vitae (Revue internationale de catéchèse et de pastorale), *La crise de la COVID et ses impacts en pastorale,* Fribourg/Louvain-la-Neuve/Montréal/Namur/Paris/Québec, janvier, février, mars 2021-1 vol. LXXVI.

Laurentin, René, *l'Esprit saint cet inconnu, Découvrir son expérience et sa personne*, France, Éditions Fayard, 1997.

Nadeau, Jean-Guy, « Les fonctions révélantes des pratiques pastorales », dans Bernard Reymond et Jean-Michel Sordet (dir), *La théologie pratique : statut, méthodes, perspectives d'avenir*, Coll. Le point théologique, Paris, Beauchesne, 1993.

Parizet, Sylvie, *Babel : récit de chute ou récit de vocation*, dans Babel : ordre ou chaos ? *Nouveaux enjeux du mythe dans les œuvres de la Modernité littéraire*, Grenoble, UGA Éditions, 2010.

Pierre, Gibert, « Critique, méthodologie et histoire dans l'approche de Jésus », sur Joseph Ratzinger/Benoit XVI, *Jésus de Nazareth, du baptême dans le Jourdain à la transfiguration*, dans Recherches de Science Religieuse 2008/2 (Tome 96), p. 219 -240.

Schillebeeckx, Edward, *L'histoire des hommes, récit de Dieu*, Cogitatio fidei : 166. (Paris : Cerf, 1992).

Thabut, Marie-Noëlle, *L'intelligence des Écritures, B temps privilégiés*, Magny-les-Hameaux, Édition Soceval, 2004.

Magistère

Benoit XVI, *Homélie en la fête de la Pentecôte*, basilique du Vatican, 2012.

Concile Vatican II, Constitution dogmatique *Lumen Gentium, sur l'Église,* 1964.

Concile Vatican II, Constitution pastorale *Gaudium et Spes, sur l'Église dans le monde de ce temps*, 1967.

Concile Vatican II, Décret *Ad Gentes, sur l'activité missionnaire de l'Église*, 1965.

Concile Vatican II, Décret *Apostolicam Actuositatem, sur l'Apostolat des Laïcs*, 1965.

François, Exhortation apostolique *Amoris Laetitia, sur l'amour dans la famille*, 2016.

François, Exhortation apostolique *Evangelii Gaudium, sur l'annonce de l'Évangile dans le monde d'aujourd'hui*, 2013.

François, *Discours du pape François à l'occasion de la manifestation « Economuy of Francesco »*, Assise, 2022.

Jean-Paul II, Exhortation apostolique post-synodale *Reconcilatio et Paenentitia, sur la réconciliation et la pénitence dans la mission de l'Église aujourd'hui*, 1984.

Jean-Paul II, Exhortation apostolique, *Catechesi Tradendae, sur la catéchèse en notre temps,* 1979.

Jean-Paul II, Exhortation apostolique *Familiaris Consortio, sur les tâches de la famille chrétienne dans le monde d'aujourd'hui*, Rome, 1981.

Jean-Paul II, Lettre encyclique *Redemptoris Missio, sur la valeur permanente du précepte missionnaire,* 1990.

Paul VI, Exhortation apostolique *Evangelii nuntiandi, sur l'évangélisation dans le monde moderne*, 1975.

Méthodologie et pastorale du mariage

Allard, Émilie, « La théorisation ancrée : une méthodologie, plurielle », dans Revue Francophone Internationale de Recherche Infirmière, Volume 6, paru le 1er, Mars 2020.

Assemblée épiscopale de la province de Québec, *Guide pastoral du mariage*, Montréal, Fides, 1969.

Auger, Jean-Philippe, *Le mentorat et la formation de disciples chez les communautés protestantes évangéliques américaines*, dans Revue Lumen Vitae 2008/2 (Volume LXIII), pp. 161-172.

Boily, Pierre-Yves, Office de pastorale familiale diocèse de Québec, *Nouveaux services dans la paroisse, préparation du mariage*, Ottawa, Novalis, 1981.

Chovelon, Bernadette et Bernard, *L'aventure du mariage chrétien, Guide pratique et spirituel*, Paris, Les éditions du Cerfs, 2002.

Coneo,Yarledis, *Les stratégies de conciliation travail-famille des femmes entrepreneures de la Capitale Nationale*, Mémoire de maîtrise en sciences de l'administration à l'Université Laval, 2016.

Davies, Michael, *Procréation assistée : plus de risques de malformations,* Robinson Institute de l'Université d'Adelaïde en Australie, dans New England, Journal of Medicine 2012.

Dicastère pour les laïcs, la famille et la vie, *Itinéraires catéchuménaux pour la vie conjugale,*(2022) [https://www.laityfamilylife.va/content/dam/laityfamilylife/amorislaetitia/Orienta mentiCatecumenatomatrimoniale/ITIN%C3%89RAIRES%20CAT%C3%89CHU M%C3%89NAUX_FRA.pdf] (Consulté le 29 août 2024).

Diocesan Centre for marriage, life and family, *From this day forward, Marriage Preparation Program for engaged couples, 2022–2023* [(http://microsites.diocesemontreal.org/microsites/from-this-day-forward/)] (Consulté le 25 mai 2022).

Diocese of Paterson, *marriage preparation policy,* in Kieran Scott and Michael Warren, *Perspectives on marriage*, New York/Oxford, Oxford University Press, 1993.

Evdokimov, Michel, « Les époux du royaume, un point de vue orthodoxe », sous la direction de Xavier Lacroix, dans *Oser dire le mariage indissoluble*, Paris, les éditions du Cerf, 2001.

Feillet, Bruno, *Cohabitation et couples*, article paru dans le Dictionnaire encyclopédique d'Éthique Chrétienne, Paris, Cerf, 2013.

Jean, Thévenot, « PMA : Procréation Moralement Acceptable », dans le collectif dirigé par André Aubert Chancholle et Michel Node-Langlois, *Faire naître. De la conception à la naissance, l'art au service de la nature*, Perpignan, Artège, 2009.

Lessard-Hébert Michelle et collab, *La recherche qualitative. Fondements et pratiques*, Montréal, Éditions Nouvelles, 1996.

McGowan, Jo, *Marriage versus living together*, in Scott Warren, Michael Warren, *Perspectives on marriage*, New York, Oxford University Press, 1993.

Mucchieli, *Alex, Dictionnaire des méthodes qualitatives en sciences humaines et sociales*, Paris, Armand Colin, 1996.

Père Quilici, Alain, *Le temps des fiançailles, Notre-Dame des -Champs*, Éditions Salvator, 2013.

Pierre, Paillé (1994), *L'analyse par théorisation ancrée*, Cahiers de recherche sociologique, (23), 147–181[https://doi.org/10.7202/1002253ar] (Consulté le 20 octobre 2021).

Thomas, N. Hart and and Hart Kathleen Fisher, *Communication*, in Kieran Scott and Michael Warren, *Perspectives on marriage*, New York/Oxford, Oxford University Press, 1993, pp. 275–281.

Tournier, Michel, *Les amants taciturnes,* dans *Les visages de l'amour, Textes non bibliques pour le mariage, vivre quoi célébrer*, Paris, les éditions de l'Atelier/éditions ouvrières, 2007.

Tremblay, Martine, « Cérémonies de mariage dans la vallée du Haut-Richelieu au XXe siècle : le faste et le sacré », dans SCHEC, Études d'histoire religieuse, 67 (2001).

Whitehead, Evelyn E and Whitehead, James D, *Communication, and conflict,* in Kieran Scott and Michael Warren, *Perspectives on marriage*, New York/Oxford, Oxford University Press, 1993.

Vatican News, « De nouveaux chemins pour la préparation au sacrement du mariage », 15 juin 2022 [https://www.vaticannews.va/fr/vatican/news/2022-06/vatican-document-preparation-mariage-catechumenat-famille.html] (Consulté le 29 août 2024).

Wojtyla, Karol, *Amour et responsabilité*, Paris, Éditions stock, 1962.

Pandémie COVID-19

Charton, Laurence, Labrecque Léoni et Josy Lévy, Joseph, « La pandémie de COVID-19 : quelles répercussions sur les familles », Enfances Familles Générations [URL : http://journals.openedition.org/efg/15152.] (Mis en ligne le 24 mai 2022) (consulté le 01 mars 2023).

Cousineau, Marie-Ève , « 250 personnes permises dans les lieux de culte en zone rouge », *Le Devoir*, 25 mars 2021 [https://www.ledevoir.com/societe/sante/597595/250-personnes-permises-dans-les-lieux-de-culte-en-zone-rouge] (Consulté le 20 juillet 2024).

Kaufmann, Jean-Claude, *Ce qu'embrasser veut dire : raison, sexe et sentiments*, Canada, Éd. Payot, 2021.

Muxel, Anne, Propos recueillis par Salomé Tissolong, *Ce que le COVID-19 fait à notre intimité*, dans Les Grands Dossiers des Sciences Humaines 2021/12 (N° 65), p. 52-55.

Navarre, Maud, *Un nouveau rapport à l'intimité*, dans Sciences Humaines 2022/2 (N° 344) ,p. 44-45.

Pelletier, Serge, «Être curé au temps de la COVID : quelles priorités dans la pastorale paroissiale », dans Arnaud Join-Lambert Henri Derroitte, *La crise de la COVID et ses impacts en pastorale*, Fribourg/Louvain-la-Neuve/Montréal/Namur/Paris/Québec, Revue Lumen Vitae, Janvier-février-mars 2021-1, vol. LXXVI.

Pope Francis, *Let us dream, The path to a better future*, New York, Simon & Schuster, 2020.

Praud, Olivier, *Prier et célébrer au temps de la COVID-19 en France, Essai d'analyse et perspectives théologiques*, dans Lumen Vitae, Revue internationale de catéchèse et de pastorale, Fribourg/Louvain-la-Neuve/Montréal/Namur/Paris/Québec, janvier, février, mars 2021-1 vol. LXXVI.

Romeyer, Hélène et Fox, Stéphanie, *Crises sanitaires et communication: enjeux sociétaux et organisationnels*, p. 1-12 (novembre2021) [https://id.erudit.org/iderudit/1083009] (Consulté le 5 janvier 2022).

Trudeau, Gisèle, Sauvageau Chantal et Venne Sylvie, Direction des risques biologiques et de la santé au travail, COVID-19 : *Mesures sanitaires recommandées pour la population générale*, dans Institut National de Santé publique du Québec, no 30, 20 mai 2020.

Une entrevue a eu lieu par zoom le premier novembre 2021 avec quatre personnes impliquées directement ou indirectement dans la préparation au mariage au diocèse de Montréal. Les intervenants sont identifiés comme P1, P2, P3 et P4. L'étudiant-chercheur est identifié comme C. Lorsque plusieurs intervenants donnent une réponse commune, le symbole F. est utilisé pour le groupe. L'entrevue a eu lieu en anglais. Le verbatim ci-après est une traduction des échanges qui ont eu lieu durant cette entrevue. Les paragraphes 1 à 8, au début de l'entrevue, ont été omis puisqu'ils concernaient la présentation des intervenants. Un sommaire de leurs qualifications est donné à la section 2.4.

9.   (C.) A quels défis et enjeux avez-vous été confrontés dans la formation en ligne avec les couples préparant leur mariage durant la COVID-19?

10.   P2.   Je suggère que P1 et P3 commencent toujours, puis P4 et moi pouvons ajouter quelque chose, parce que vous êtes les vrais experts.

11.   P1.   Au tout début, le défi était avec notre équipe. Nous essayions vraiment d'encourager les membres de l'équipe. Spécialement ceux qui avaient la responsabilité de présenter également les différents sujets aux couples, en les encourageant à aller vers l'avant avec les formats en ligne.

12.   P1.   Parce que beaucoup d'entre eux n'avaient pas le logiciel approprié ou les caméras vidéo, le son était vraiment mauvais.

13.   P3.   Nous avons en quelque sorte traversé des phases difficiles.

14.   P3.   Parce que nous avons commencé à faire la formation en présentiel un week-end. Nous dirons, mais l'arrêt s'est en quelque sorte produit au milieu d'une session, mais ce n'était pas un verrouillage complet,

15.   P3. Nous avons donc fait venir les présentateurs dans le diocèse et nous avons installé une caméra et la présentation PowerPoint.

16.   P3. Alors, ils se sont sentis comme s'ils étaient toujours devant un groupe, mais le groupe était derrière la caméra. Et donc pour les présentateurs, ce fut un peu moins un choc.

17. P1.   Et puis la vraie transition est arrivée lorsque nous étions tous confinés plus longtemps et que personne ne pouvait l'être. Alors, nous réellement un de nos difficultés était d'encourager l'équipe d'avancer avec ce programme.

18. P1. Et puis comme nous l'avons dit, nous avons eu problème de logiciel et de matériel manquant. Nous avons eu des problèmes de connexion Internet. Parfois, les gens ne pouvaient pas entendre le présentateur ou nous entendre, ou nous pouvions les entendre un peu comme ce qui se passe aujourd'hui. Vous savez, parfois les micros ne fonctionnaient pas, "Peux-tu m'entendre" est devenu notre phrase préférée.

19. P1. Le programme était prévu en personne, un marathon de week-end et nous essayions de le faire sur Zoom. 8 heures de cours par jour était difficile. Huit heures et ça se voyait comme les six heures où les couples n'écoutaient plus. Ils ne pouvaient tout simplement pas, comme si c'était trop, puis les études sont sorties en disant que vous ne devriez vraiment pas avoir une réunion plus d'une heure et demie de toute façon.

20. P1. Le programme était prévu en personne, un marathon de week-end et nous essayions de le faire sur Zoom. 8 heures de cours par jour était difficile. Huit heures et ça se voyait comme les six heures où les couples n'écoutaient plus. Ils ne pouvaient tout simplement pas, comme si c'était trop, puis les études sont sorties en disant que vous ne devriez vraiment pas avoir une réunion plus d'une heure et demie de toute façon.

21. P1. C'était donc un problème majeur de ne pas être en personne, donc de ne pas les avoir dans le contact physique que l'interaction en tête-à-tête en se regardant dans les yeux.

22. P1. On s'est rendu compte qu'il y avait un A plus à cela, c'est que les couples avaient très soif d'être avec d'autres personnes, à cause du confinement. Bien que ce soit en ligne, ils ont trouvé cette amitié et cette camaraderie entre eux. Et nous avons pu parce que c'étaient aussi des groupes plus petits. Parfois il y avait beaucoup plus d'intimité et les gens se sentaient un peu plus vulnérables qu'ils ne l'auraient été dans une grande pièce avec beaucoup de monde. Ainsi, même si nous avons eu des défis, nous avons eu des avantages.

23. P3.   Et puis vous devez expliquer à quoi ressemble votre groupe. Parce que c'est beaucoup de morceaux. Qui étaient les bénévoles et qui étaient… ?

24. P2.   Maintenant, quand vous dites équipe, je ne sais pas si C sait quoi ?

25. P1.   Donc, le cours de préparation au mariage se déroule bien. Je suis coordonnatrice ; P3 est coordonnateur bénévole. Je ne pourrais pas le faire sans lui et puis nous avons une équipe de bénévoles. Nous avons deux prêtres dans cette équipe et ensuite 4 couples mariés. Donc les couples fiancés reçoivent des formations d'un prêtre ou d'un autre couple marié. Et donc, quand je parle d'équipe, c'est de cela que je parle. Ce sont tous des présentateurs différents ; chacun a le sujet.

26. P1.   Connaissez-vous d'autres problèmes ?

27. P3.   Il y a d'autres problèmes. Le format a été conçu pour le marathon en personne et le matériel était mature, voire peut-être trop mûr. Ça n'avait pas vraiment changé depuis longtemps.

28. P3. Et c'était un excellent tremplin pour une excellente opportunité qui peut être changé la méthodologie et le matériel

29. P1.   Oui, c'est un autre bonus. Cela nous a vraiment obligé à changer l'apparence de la présentation. Beaucoup d'entre eux avaient de très longues présentations PowerPoint, nous leur avons dit de les réduire. Vous connaissez les salles de sous-commission, des petites

activités pour les couples à faire. Parce que vous êtes en ligne comme nous devions vraiment le faire.

30. P3.   Vous ne pouvez pas faire de cours pendant trois heures sur Zoom. Vous pouvez, mais ça ne fait pas grand-chose, n'est-ce pas.

31. P1.   Nous avons inclus de courtes vidéos à regarder, donc nous avons vraiment changé les choses un peu, donc c'était un A+ aussi, cela nous a obligés à retravailler toutes nos positions.

32. P2.   J'ai une dernière chose à ajouter, c'est un A+ sur la COVID, car cela pourrait être intéressant, C. Je ne sais pas si vous savez que l'Église a demandé aux diocèses de faire de la préparation au mariage, un processus comme le RICA ou le catéchuménat.

33. P2. Du coup, parce qu'on ne pouvait plus faire ces week-ends intenses, si l'on avait l'occasion d'étaler la préparation au mariage sur de nombreuses petites séances, au lieu d'avoir ces genres de 8 rencontres sur un mois. Ils (?) essayaient de nous aider à nous adapter à ce que l'Église nous demande. Donc, les gens font presque un petit voyage de foi sur un mois ou un voyage d'expérience plus qu'un cours accéléré.

34. P3.   Et les couples apprennent à nous connaître, alors nous avons présenté chaque séance. Nous ne donnons pas toutes les séances, mais nous étions présents. Et ils apprennent à nous connaître, et nous pouvons sentir qu'il y a plus de connexion qu'il n'y en avait en un week-end ou deux week-ends.

35. P1.   Ils ont commencé à nous faire davantage confiance et ils s'ouvrent un peu plus. C'est vrai !

36. P4.   Quand j'ai arrêté de me marier en novembre 2020 et que j'ai suivi le cours accéléré, c'était encore en deux jours et c'est vrai que c'était un défi.

37. P4. En effet, c'était aussi une bénédiction. Je ne sais pas si nous voulons entrer dans les bénédictions pour le moment ou pas encore. Donc, c'était une bénédiction parce que j'ai épousé un Américain. Et à cause de la fermeture de la frontière, nous étions séparés. Donc, avoir la formation en ligne était super. Bien sûr, nous n'étions pas ensemble, mais nous étions ensemble d'une certaine manière et donc c'était bien.

38. P4. Et bien sûr, pendant la pandémie, ce qui était bien, c'était de savoir que nous n'étions pas seuls, car lorsque la pandémie s'est produite comme un arrêt tous les plans, n'est-ce pas? Je devais me marier le 4 juillet 2020. Donc, exactement, donc le simple fait de savoir que quelqu'un offrait toujours la préparation au mariage était très rassurant. Donc, nous n'étions pas seuls là-bas. Nous n'avons aucune idée quand cela va arriver, mais nous étions quand même, ils nous soutenaient. Par conséquent, ils partageaient leurs expériences et tout ça.

39. P4. Donc, vous aviez l'impression de continuer à vous préparer pour le mariage, même si vous n'y étiez pas encore. Et vous n'aviez aucune idée de quand vous seriez encore là, mais c'était vraiment une bénédiction.

40. P4. Donc, je l'ai en quelque sorte vécu des deux côtés pendant tant d'années, comme être là-bas en tant que codirectrice et voir comme l'équipe qui le propose. Mais ensuite, j'ai en quelque sorte reçu cette formation. C'était en quelque sorte très agréable. Je l'apprécie des deux côtés.

41. P3.   Nous voyions plus de couples le prendre à distance qu'avant. Avant que nous n'ayons qu'une seule personne et que l'autre devrait suivre le cours où qu'elle soit. Et maintenant nous allons avoir les couples présents même s'ils sont séparés dans des villes différentes ou dans des pays différents.

42. P1.   Par exemple, l'année dernière, nous avons eu un couple, elle était à Montréal et son fiancé était au Nigeria. Elle se connectait à chaque fois et il y avait des heures très différentes, mais elle l'a fait. Et nous avions des couples du Texas, nous avions des couples du Michigan. Comme si c'était vraiment amusant. Et même durant cette session, nous avions un couple d'Ottawa.

43. C.   La pandémie de COVID-19 vous rend plus fort et vous avez acquis beaucoup plus de compétences pour effectuer le travail. Et cela vous prépare à mieux réagir à toute autre pandémie qui se reproduirait un jour. Nous espérons que non.

44. C.   Décrivez la formation et l'accompagnement offert au cours de la dernière année :

45. P1.   OK, donc pour l'année 2020-2021, nous avons fait 10 sessions.

46. a) Combien de rencontres ont-ils vécues par mois?

47.a) P1.   Et c'était une fois par mois.

48.b) Quelle est la durée moyenne de ces rencontres?

49.P1. C'était un vendredi soir et deux samedis pour un total d'environ 20 heures par séance. Nous avons donc eu deux séances de huit heures (séances de 2/8 heures) et d'un quart d'heure par mois. Donc, si nous avions dix séances et que cela faisait 200 heures au total pour l'année.

50.P.3   Et puis donc, on s'est dit, on change ça maintenant, parce que c'était trop long pour que les participants soient sur Zoom. Et donc, maintenant c'est huit réunions où vous savez qu'une session comprend 8 réunions. C'est 3 heures chacune ou jusqu'à un maximum de trois heures. Mais c'est ce que nous faisons cette année. C'est vrai !

51.C.   Est-ce que les deux membres des couples participent ensemble dans la formation?

52.P1. L'année dernière également, une réunion moyenne durait environ 8 heures. Donc c'est très long pour nous, pour eux, pour tout le monde.

53.P1. Nous demandons au couple, que les deux partenaires du couple soient présents pour recevoir le certificat. Dans le cas contraire, nous demandons à toute personne ne pouvant assister à une autre session que ce soit dans son pays d'origine ou à une autre date. Dans ce cas, le certificat sera écrit qu'à la personne qui a suivi le cours avec nous, oui.

54. P1. Et nous, dans le passé, même lorsque nous sommes en personne, nous n'avons souvent, pas souvent mais parfois cela arrivait, nous avions quelqu'un qui étudiait à Montréal, mais son fiancé était en Inde. Ils le prenaient en Inde et achetaient un billet ici et c'était bien, parce que parfois ils le faisaient en même temps et ils comparaient leurs notes. Alors, c'était amusant !

55.C. Quels sont les thèmes abordés habituellement?

56. P1. Les thèmes abordés. Les sujets abordés, nous avons donc huit sujets que nous couvrons.

57. P1. Le premier est la préparation au mariage, qui permet de s'assurer que la personne est suffisamment mûre pour comprendre dans quoi il s'embarque et aussi qu'il comprend ce que signifie se marier dans l'Église catholique. Ensuite, nous avons la communication maintenant.

58. P1. Non, nous avons la prière, alors nous avons découvert il y a quelques années que les couples ne savaient vraiment pas comment prier et même certains d'entre eux y accèdent quand vous allez juste bien prier.

59. P3. Ils ont dit que vous n'arrêtiez pas de parler de la prière en couple, de la prière individuelle, quand est-ce que vous nous enseignez comment ?

60. P1. Donc, nous avons inclus la prière, nous avons donc eu une conférence sur la prière qui s'est très bien déroulée. C'est très interactif et nous avons un prêtre qui donne ce sujet et c'est très bien reçu. Les couples apprécient vraiment.

61. P1. Communication : quelle est la partie très importante sur comment bien argumenter ? comment faire des excuses sincères ? c'est dans la communication.

62. P1. Maintenant, nous avons la sexualité, qui est fortement basée sur la théologie du corps, et elle en couvre beaucoup. Nous passons en revue les sujets difficiles : la pornographie, l'infidélité, la masturbation, la fécondation dans chacun, nous essayons vraiment d'aborder les aspects les plus importants de cela également.

63. P1. Et la beauté de la sexualité et la beauté du corps ; un peu d'anthropologie.

64.   P1. NFP (et puis régulation naturelle de la naissance.), parce que oui, nous pensons que les couples ont le droit de devoir. Donc, nous l'avons, c'est une formatrice certifiée en planification familiale qui donne ce sujet. Et les couples l'apprécient et certains d'entre eux la contactent par la suite pour suivre un cours.

65.   P1. Maintenant, nous avons l'intendance qui consiste à utiliser leurs talents dans le monde dans leur couple, dans leur talent et leur trésor familial.

66.   P1. Le temps, le talent et le trésor. Donc, il y a beaucoup de budget qui se passe dans ce sujet parce que l'argent est toujours un problème dans la vie conjugale. Sur ce, nous leur donnons également cet outil.

67.P1. Ensuite, nous avons une parentalité responsable, c'est donc en quelque sorte une famille et à quoi pourrait ressembler une famille, et je trouverai des problèmes avec cela.

68.P1. Le dernier est le sacrement du mariage. Et puis nous avons le sacrement du mariage et c'est pour qu'ils comprennent vraiment ce qu'est un sacrement. Et ils voient vraiment l'importance et la façon dont la décision qu'ils prennent n'est pas quelque chose que vous pouvez prendre à la légère.

69. P1. Et dans ce sujet, nous couvrons également la cohabitation, les relations sexuelles avant le mariage. C'est un sujet assez lourd et qui est également donné par un prêtre.

70. P1. Et c'est reçu. Vous savez que les couples s'en étonnent peu. C'est 50/50 cinquante. Nous avons eu, certains tout récemment, nous avons eu un beau témoignage de cela. Ce sont donc des sujets….

71. P3. Par-là, il y a des vocations, des sacrements, il y a un tas de sujets qui sont comme des fils conducteurs qui traversent, ouais.

72. C.   Vous venez de mentionner qu'il y a des personnes en Inde qui participent à votre formation sur le mariage en ligne, comment cela se fait-il ? viennent-elles se marier ici à Montréal ; ou est-ce que vous trouvez un prêtre pour leur mariage là où ils sont en Inde ? Comment faites-vous faire ça ?

73. P1. Donc, généralement c'est le couple qui s'occupe de trouver leurs prêtres et souvent quand on a des couples qui sont dans cette situation-là, souvent l'un des couples généralement, le couple à Montréal c'est parce qu'il étudie ici, mais il reviendra en Inde pour se marier. Alors oui ou au Venezuela ou quoi qu'il arrive, il a besoin de faire la formation ici, il prend son certificat, puis il le ramène chez lui et dit que je l'ai fait, je l'ai fait.

74. C.   Est-ce que quelqu'un d'autre aimerait ajouter quelque chose ?

75. P3.   J'allais dire que si nous avons notre chemin à l'avenir, je pense que nous continuerons à toujours avoir une partie en ligne juste pour que cela puisse inclure le

couple. Comme si c'était le cas, c'était tellement agréable d'inclure des personnes qui auraient normalement été exclues que je mettrais simplement une webcam en place et si la personne est à l'autre bout du monde, elle peut être là de toute façon, sans aucun coût supplémentaire.

76. P3. Mais cela ne coûte rien, il n'y a pas de travail supplémentaire. Donc, même si nous revenons à un complet en personne, ce serait bien d'avoir juste un ordinateur portable ouvert et une webcam pour qu'ils puissent également participer à tout ce qui se passe.

77. C. C'est très spécial, très spécifique au Centre diocésain pour le mariage, la vie et la famille dans l'Archidiocèse de Montréal.

78. C. Est-ce que vous favorisez la rencontre de futurs mariés avec des couples déjà mariés afin de partager leurs expériences ? Si oui, quelle est la durée du partage?

79. P1. Donc, nous n'en faisons pas la promotion officielle, nous n'avons aucun matériel pour en faire la promotion, mais tout au long de chaque session, lorsque nous rencontrons les couples, nous leur disons toujours que l'un des couples présentateurs, les membres de l'équipe sont toujours libres, toujours ouverts à les rencontrer…

80. P1. Et les présentateurs eux-mêmes diront écoutez, chaque fois que vous voulez vous réunir, vous voulez discuter de cela plus en détail, vous savez que vous rencontrerez un café ou un café ou de la bière, et pour que cela leur soit toujours ouvert.

81. P1. Et parfois, les couples se contactent avant de se marier et même après. Alors c'est arrivé et cela dépend vraiment de la situation du couple pour répondre à leurs besoins.

82. P3. Sur les huit présentations, six sont présentées par des couples qui donnent en quelque sorte leur témoignage à l'intérieur de leur sujet.

83. P3. Donc, ce n'est pas séparé, mais je pense qu'à un moment donné, nous avions un couple formateur qui faisait du mentorat ensemble pendant le week-end. Mais ce n'est pas possible, alors ils s'assoient et discutent avec les différents couples…

84. P1. Donc, les couples, je le répète, cela dépend de leur situation, mais cela peut être n'importe où à partir d'une seule rencontre, qui peut durer quelques heures et nous avons eu des couples qui se sont rencontrés plusieurs fois au cours de quelques semaines, mais vous savez comment ils vont.

85. P1. Mais nous essayons toujours de faire ressortir le fait que nous étions disponibles pour rencontrer toute personne ayant besoin d'aide. Maintenant, nous faisons également la promotion du centre, et nous leur disons que le centre a de nombreuses ressources pour eux lorsqu'ils sont mariés s'ils ont des enfants à nous contacter également.

86. P2. C'est peut-être comme vous le savez probablement ; vous le savez peut-être mieux que moi, mais l'Église semble encourager, nous encourage à démarrer des programmes de

mentorat ou est comme devenu une meilleure pratique. Mais cela ne veut pas dire que nous avons vraiment parlé des personnes qui aiment aller dans cette direction pour le moment.

87. P3. Je pense que c'est un rêve pour tout le monde, c'est juste du point de vue logistique, je pense que ça s'est en quelque sorte suspendu avec la COVID.

88. P1. Ouais, ouais comme P2 l'a dit il y a environ quatre ans, il y avait un couple marié qui a assisté à toute la session en personne et ils ont tendu la main, ils ont tendu la main, ils n'ont pas tendu la main, ils ont juste pris un couple et ont dit : Venez, parlons pendant cinq minutes et juste pour avoir une idée d'où ils sont arrivés. S'ils s'accrochent à des questions et des luttes et parfois les couples révélaient les problèmes qu'ils avaient. Donc, c'était très bien et COVID a tout arrêté.

89. C. Je pense que tout ce que vous venez de mentionner, c'est bien d'avoir toujours un couple marié avec ceux en formation. Parce que vous P1 et P3, vous êtes toujours là. Donc, votre présence est très importante.

90. P1. En fait, cette année, le Centre propose également des activités d'enrichissement au mariage. Il y en a une en français et une autre en anglais. Donc, et nous avons contacté tous les couples qui ont assisté à nos sessions dans le passé et qui ont dit qu'ils seraient intéressés à recevoir des informations. Donc, nous avions la gestion de ces deux programmes.

91. C. Est-ce un échec de faire la formation en ligne ou Comptez-vous retourner à la formation présentielle post-COVID-19?

92. P1. Non, ce n'était pas un échec. Même si au tout début je le pensais. Je ne savais pas quoi penser, nous étions vraiment hésitants, mais ça s'est très bien passé et il y a tellement d'avantages à le faire en ligne.

93. P1. Parce que les couples sont nombreux et, je ne devrais pas dire beaucoup, de plus en plus de couples se rencontrent maintenant en ligne. Et ils ne vivent pas dans le même pays. Certains vivent dans leur propre ville. Cela a causé quelques problèmes et nous avons eu plus de couples vivant maintenant dans des endroits différents. Donc, je pense que leur offrir une option en ligne ou comme P3 l'a dit, vous savez juste avoir leur webcam, et laissez les participer là où ils se trouvent…

94. P3. Oui et nous devons le réexaminer, mais il n'y a rien de tel que le vrai face à face, les yeux dans les yeux, l'interaction humaine, partager de la nourriture et une tasse de café ensemble, il n'y a rien de si beau. Là, vous pouvez le faire, il connaît juste l'équivalent en ligne, donc je pense qu'à un moment donné, dès que nous serons autorisés à nous remettre ensemble. C'est juste un acte très humain de partager de la nourriture ensemble, de se sourire et vous savez, serrer la main et il n'y a rien de tel. Donc, je pense que ce serait un avantage, mais alors peut-être l'approche hybride où vous faites un samedi en personne et une session de soir de semaine par zoom ou quelque chose où nous pouvons être efficace tout en ayant cette interaction humaine, alors rendez-le pratique pour eux un soir de semaine n'a pas à se déplacer. Mais le samedi peut-être que cela vaut la peine de leur offrir un petit déjeuner et un café et de se réunir alors, ouais.

95. P2. Une partie de notre cours aussi, eh bien deux choses : mes impressions ont toujours été beaucoup au sujet de ces couples. C'est la première fois qu'ils reviennent à l'église, à une activité d'église depuis leur confirmation. Donc, le fait que nous avons beaucoup de jeunes, des familles, des couples, des gens et c'était attrayant de les accueillir en personne à une activité d'église et de voir qu'ils sont les bienvenus. Ensuite, je pense que c'est vraiment important. Donc, toute la communauté les accueille et puis on célébrait aussi la messe à la fin.

96. P2. Et je pense que j'étais là une fois quand le prêtre expliquait, c'était comme une messe d'enseignement où beaucoup d'entre eux n'ont pas été à la messe, faisant ainsi des liens vers ce qu'ils vont vivre dans leur mariage et le port de masque au mariage.

97. P2. Alors j'aime bien l'approche hybride qui s'implique dans la formation. Il est pratique de rester à la maison, mais aussi de se réunir pour ces genres de choses est plus essentiel.

98. P4. Etre ensemble apporte tout ce que vous avez dit, il y a aussi quelque chose que nous n'avons pas mentionné, c'est que je pense que nous ne l'avons pas fait, c'est qu'en ligne, je pense que certains couples se sentent plus anonymes. Ainsi, il est plus facile de poser une question pour discuter(chat), de poser une question pour discuter(chat) qu'ils n'auraient peut-être pas demandé devant tout le monde que si c'était en personne. Alors, c'est aussi un peu comme se sentir plus libre de demander question sur les choses qui les dérangent, ou vous savez dans le chat, ouais.

99. P3. Ouais, il y a bien ça, les gens semblent plus ouverts et plus libres dans leur salon que dans un endroit étrange rempli d'étrangers.

100. P1. Oui, pour revenir sur ce que P2 disait, mais la façon dont nous les accueillons et c'est la première fois qu'ils retournent dans un cadre d'église, établissement d'église. En quelque sorte, l'un des commentaires que nous avons reçus une fois était wow, ce n'est pas du tout ce à quoi nous nous attendions. Nous avons vraiment apprécié cela. Nous pensions que ça allait être très sombre, donné par beaucoup des prêtres en col romain et nous disant à quel point nous étions mauvais. Donc, avoir une liste impressionnante, c'est définitivement un bonus ! Rire.

101. P3. Pour moi en tout cas, si jamais j'ai un peu plus de temps, j'adorerais suivre ces sessions et construire un programme d'apprentissage en ligne pour les gens. Vous avez toujours des couples qui ne peuvent pas. Vous savez pourquoi, nous travaillons le week-end et c'est tout simplement impossible et nous les envoyons dans un autre programme d'apprentissage en ligne du diocèse. Ce serait formidable si nous avions un programme d'apprentissage en ligne de très haute qualité disponible pour les cas d'exception.

101. C. En attendant, avez-vous d'autres diocèses au Canada qui participent à votre programme de formation en ligne ?

102. P1. Cela arrive parfois. Nous avons un couple d'Edmonton qui participe actuellement à la session de novembre, mais P3 fait référence au diocèse de Toronto qui offre un très

bon programme de préparation au mariage en ligne. Donc, si l'horaire du diocèse de Montréal ne marche pas pour eux, nous les référons souvent à Toronto. Il s'agit d'une session d'apprentissage en ligne, purement en ligne.

103. P1. Donc, il y a des enregistrements, n'est-ce pas ? Alors, ils doivent se rencontrer en personne, je pense, une fois en ligne, oui, il y a comme un…, oui, ils ont des sessions en ligne et ils ont du travail, oui. Alors, il y a un livre qui...

104. P2.   Je vais juste vous interrompre parce que c'est là que nous devrions nous déconnecter et revenir de la même manière. Les 40 minutes sont écoulées. Nous allons recommencer l'enregistrement tout au long de l'enregistrement. Oui, ça va couper…

105. C.   Qu'est-ce que vous allez faire qui puisse changer la manière de préparer les couples de manière pérenne?

106. P3.   J'allais dire que dans ma formation en éducation des adultes en changement, j'ai toujours trouvé que le format de notre matériel (le cours) était très axé sur le contenu. Donc, c'est ce que nous devons vous dire et nous avons 20 heures, et nous allons commencer, et nous allons nous arrêter. Et à la fin, ils se souviennent des 15 dernières minutes du dernier jour et j'espère que c'était bien. Parce que c'est tout ce qu'ils vont en retirer à part ce qu'ils ressentent. Donc, pour moi, c'était assez amusant avec tout le truc de Zoom et de changer le format pour qu'il soit davantage axé sur l'apprenant et pour passer de la formation pure à la transformation.

107. P3. Alors, prenez ce temps pour transformer leur cœur, donnez-leur les informations dont ils ont besoin, mais ne le concentrez pas sur ces informations, mais concentrez-vous sur les gens et leur chemin.

108. P3. Assurez-vous qu'ils entendent tout ce dont ils ont besoin d'entendre, mais cela n'a pas d'importance. Parce qu'ils ne s'en souviendront jamais du tout. Cela nous prend toute une vie pour collecter la valeur du matériel de ce week-end, vous savez, ces 20-30 heures, ils ne vont pas le ramasser la première fois. Donc, il est plus important qu'il soit positif d'entendre la vérité, c'est positif et qu'ils aient une bonne mémoire. Je ne sais pas comment cela, et ils sont intéressés à revenir à cette information et à en savoir plus plutôt qu'une remise de diplôme. J'ai fini, je m'en suis sorti, c'était horrible et j'espère que je n'aurai plus jamais à refaire ce genre de chose. Donc, un appel à la conversion plutôt qu'un simple tas d'informations.

109. P1.   Pour moi, ce que j'aimerais faire à long terme, c'est retourner avec la messe. Alors, organisez une messe pour les couples, mais aussi avant cela leur donner l'occasion de se confesser ; incluant le sacrement de la réconciliation. Pour beaucoup d'entre eux, ils ne sont pas confessés depuis leur première confession quelques fois. Donc, parce que nous sommes ici pour les préparer, je pense que ce serait une bénédiction.

110. P1. Ouais ! Mais je pense qu'il serait bon de les préparer à préparer leurs âmes ainsi que leurs esprits. Et aussi parce que comme idéalement ce serait le curé et la paroisse leur prépareraient. Et ce serait juste un don naturel fait aux couples qui iraient se confesser ou

ils auraient l'option. Mais parce que nous n'avons pas ça, il s'est offert par nous une équipe apportant la messe et la possibilité de se confesser et aussi la bénédiction des fiancés qui solidifierait ce qu'il y a de plus dans l'engagement. Ce sont des choses que j'aimerais, ouais pour aller vers l'avant.

111. P3.   Abordons le PowerPoint de la mort !

112. P1.   Oui, ouais, ouais, rire… ! Une autre chose difficile était vraiment de dire aux membres de notre équipe que vous avez 20 diapositives. Nous avons dit vingt diapositives, 20 diapositives. Certains d'entre eux sont paniqué, parce qu'ils ont comme 60 et 64 diapositives. Alors, pour couvrir le même cours, juste vingt emplacements. Alors nous leur enseignons et certains d'entre eux sont vraiment à bord.

113. C.   P2, aimeriez-vous ajouter quelque chose ?

114. P2.   J'adore ces idées, je sais que nous avons aussi parlé de renforcer le contact additionnel. On se souvient, parce que lorsqu'ils s'inscrivent, ils nous donnent la date de leur mariage, mais juste en quelque sorte à l'anniversaire, comme nous pensons à vous ; leur envoyer une note par courriel ou n'importe quelle carte, puis les inviter à de futures activités au centre. Je pense que ce serait une façon pour grandir.

115. P2. Et puis même l'inventaire que Toronto fait, vous savez qu'avant le mariage, il y a une certaine sagesse d'autres diocèses qui pourraient éventuellement s'adapter. Mais, je suis vraiment fière, je suis tellement fier, je ne peux pas croire à quelle vitesse nous avons pu nous adapter.

116. P2. Mais nous avions besoin de quelqu'un comme P3 qui avait la technique, le savoir-faire et la confiance. Beaucoup de gens n'avaient pas ça, donc mais nous n'avons pas manqué une personne comme P3. Il a tout de suite mis en place et a fait le lien avec les gens avec leur webcam. Donc, je pense que nous sommes très chanceux d'avoir ceux, cette confiance et ces compétences dans l'équipe. Sinon nous n'aurions jamais pu le faire.

117. P2. La plupart des diocèses ont fermé la préparation au mariage pendant la pandémie, mais nous l'avons fait aussi grâce à la force de l'équipe, ouais.

118. P3.   C'est un exercice qui se fait dans l'amour. Ouais, nous aimons les couples que nous formons ! c'est cool. Rire… !

119. C.   P4, voudriez-vous ajouter quelque chose ?

120. P4.   J'aimerais en rajouter c'est juste que ce n'est pas vraiment lié à ça, mais juste pour que vous sachiez que nous offrons à tous les couples un crucifix qu'ils peuvent garder bien sûr. Donc, je ne sais pas si je veux en dire plus sur le crucifix. P1 ou P3.

121. P1.   En fait, c'est une idée que j'ai eue de la sœur de P2, je pense qui dirige un programme aux États-Unis. P2 m'a laissé passer en revue leur cours et il y avait une page

intitulée l'histoire d'un crucifix. Et c'est dans un village oriental de la Croatie. Et eux, je ne me souviens pas correctement de l'histoire. Maintenant, mais ils donnent un crucifix à tous les fiancés. Et les couples le prennent le jour de leur mariage. Et ils l'ont placé sur l'autel quand ils ont prononcé leurs vœux. Ils mettent l'une de leurs mains sur le crucifix. C'est sur l'autel. Et ils ont découvert que dans ce petit village que tous les couples mariés, il n'y a presque aucun divorce et très peu de séparations. Donc, et c'est parce que les couples que vous connaissez vraiment croient au sacrement et ils ont vraiment le Seigneur présent avec ce cadeau. Et ils gardent ce crucifix, et ils l'accrochent au mur de leur maison. Donc, j'ai pensé que nous étions, c'est une belle idée. Alors, j'ai parlé à P2 et P4, elles ont dit d'aller en ce sens, afin que chaque couple qui assiste reçoive la même histoire et un crucifix à accrocher dans leur maison. Et ils peuvent l'apporter et faire la même cérémonie s'ils le souhaitent.

122. P3.   Très beau, ouais !

123. C.   Je vous remercie pour votre contribution à ce projet : « Enjeux de l'accompagnement spirituel au mariage catholique par visioconférence en situation de pandémie et de confinement ».

Alors, pas seulement vous avez confrontés des problèmes dans ce contexte de préparation des couples en ligne, moi aussi j'en ai confronté durant cette entrevue en ligne. Comme vous avez pu remarquer nombreux problèmes de connexion que j'avais. Je tiens à vous remercier chers formateurs du Centre diocésain pour le mariage, la vie et la famille de l'archidiocèse de Montréal d'avoir pris le temps de m'accompagner dans ce projet. Dès le premier jour, P2 était là avec moi. Et elle continue d'être avec moi. Merci P1, je pense que j'ai bien dit votre nom.

124. P1.   Oui, monsieur

125. C. Merci pour votre support inconditionnel. Non seulement aujourd'hui, mais vous répondez tout le temps aux courriels, vous avez toujours répondu positivement. Alors, merci beaucoup d'avoir amené P3, l'homme très important pour le passage au changement virtuel. Merci beaucoup P3.

126. P3.   Je suis le volontaire ; Je fais juste ce qu'elle dit, n'est-ce pas ? de quoi avez-vous besoin ?

127. C. Monsieur P3 si tu n'étais pas là, on te manquerait.

128. C.   Merci beaucoup Madame P4 pour votre contribution à ce projet. Quand P2 n'est pas là, donc vous étiez toujours là pour prendre le relais et vous allez continuer à exercer cette tâche, parce que vous avez fait du bon travail sans être payé. Merci beaucoup, merci…. Mais je voudrais vous dire que votre contribution à cette recherche a été très importante pour moi, et elle m'aidera à répondre à l'attente de mon étude et à respecter l'échéance du CERUL.

129. C. Enfin, j'ai hâte de partager avec vous le résultat de cette recherche qui pourra être utilisé pour le bien-être de l'Église catholique. Et aussi, aux autres communautés ou à toute personne qui fait de la recherche, qui a besoin de ce projet, de ce travail que nous faisons ensemble. Ainsi, ils peuvent l'utiliser. Donc, merci encore et nous resterons connectés ensemble et je vous tiendrai au courant de tout ce que je fais dans ce projet. Et si j'ai besoin de vous, s'il vous plaît, répondez au courriel, décrochez le téléphone. Merci beaucoup !

130. P4. Puis-je suggérer, je ne sais pas si vous pourriez, vous pouvez probablement changer officiellement le titre, mais cela a commencé par dire des problèmes concernant, je dirais des problèmes et des opportunités concernant…. Juste une suggestion.

131. C. Madame P2 !

132. P2. Excusez-moi, ouais !

133. C. J'ai l'impression que tu vas dire quelque chose

134. P2. Non, non, j'appréciais juste les sourires et le... Ouais, ouais.

135. C. Eh bien ok.

136. P2. Merci Fritznel et heureux de partager et je sais que vous avez vu le site Web du programme de mariage, mais pour les descriptions de tout le contenu ou les huit entretiens que P1 a décrit et le calendrier, vous pouvez trouver tout cela là-bas. Donc, si vous avez besoin de plus de soutien, oui. Et je t'enverrai les enregistrements par Dropbox, oh Wetransfer peut-être par Wetransfer.

137. C. D'accord, merci beaucoup !

138. F. Merci, bien, bonne chance, bonne chance !

139. C. Une chose à mentionner, je ne sais pas si j'ai reçu tous les documents d'accord ou... Donc, je crois, j'en ai manqué un.

140. P3. Vous avez le mien, le Père qui participe aux formations a peut-être dit qu'il ne l'a pas envoyé une seconde fois, c'est vrai. Parce qu'il ne l'a pas envoyé une seconde fois parce qu'il n'allait pas participer.

141. C. Peut-être que je dois..., je ne pense pas que je l'ai, mais je dois...

142. P3. Mais je n'ai probablement pas… ouais.

143. C. Tu t'appelles [prénom] ?

144. P3. C'est vrai, donc je t'en ai envoyé un avec [mon prénom] parce que c'est mon nom légal, mais tout le monde m'appelle [par mon diminutif].

145. C.   Mais je dois vérifier.

146. P3.   Sinon, je l'ai dans mon histoire, je peux juste le renvoyer.

147. C.   Pas de problème ! Merci beaucoup.

148. P3.   Très bon accueil.

149. F. OK. Passez un bon après-midi. Au revoir !

I want morebooks!

Buy your books fast and straightforward online - at one of world's fastest growing online book stores! Environmentally sound due to Print-on-Demand technologies.

Buy your books online at
www.morebooks.shop

Achetez vos livres en ligne, vite et bien, sur l'une des librairies en ligne les plus performantes au monde!
En protégeant nos ressources et notre environnement grâce à l'impression à la demande.

La librairie en ligne pour acheter plus vite
www.morebooks.shop

Printed by Books on Demand GmbH, Norderstedt / Germany